COLLECTION FOLIO

Marguerite Duras

L'Eden Cinéma

Mercure de France

Marguerite Duras est née en Indochine où son père était professeur de mathématiques et sa mère institutrice. A part un bref séjour en France pendant son enfance, elle ne quitta Saigon qu'à l'âge de dix-huit ans.

L'EDEN CINÉMA a été représenté pour la première fois le 25 octobre 1977 par la Compagnie Renaud-Barrault au théâtre d'Orsay dans la mise en scène de Claude Régy.

Personnages et distribution :

LA MÈRE	Madeleine Renaud
SUZANNE	Bulle Ogier
VOIX DE SUZANNE	Catherine Sellers
VOIX DE LECTURE	Michaël Lonsdale
MR JO	Michaël Lonsdale
JOSEPH	Jean-Baptiste Malartre
LE CAPORAL	Axel Bogousslavsky
Scénographie	Jacques Le Marquet
Musique	Carlos d'Alessio
Au piano	Miguel Angel Rondano
Assistant	Louis Chavance

PREMIÈRE PARTIE

La scène c'est un grand espace vide qui entoure un autre espace rectangulaire.

L'espace entouré est celui d'un bungalow meublé de fauteuils et de tables de style colonial. Mobilier banal, très usé, très pauvre.

L'espace vide autour du bungalow sera la plaine de Kam, dans le Haut-Cambodge, entre le Siam et la mer.

Derrière le bungalow il faudrait une zone lumineuse qui serait celle de la piste des chasseurs le long de ces montagnes du Siam.

Décor simple, large, qui devrait permettre une circulation facile.

Le bungalow est fermé. Fermé par un manque de lumière. Eteint. La plaine est éclairée.

Des gens arrivent devant la scène fermée : la mère, Suzanne, Joseph, le Caporal.

La mère s'assied sur un siège bas et les autres se groupent autour d'elle. Tous s'immobilisent et restent ainsi, immobiles, devant le *public — cela pendant trente secondes peut-être pendant que joue la musique. Puis ils parlent de la mère. De son passé. De sa vie. De l'amour par elle provoqué.*

La mère restera immobile sur sa chaise, sans expression, comme statufiée, lointaine, séparée — comme la scène — de sa propre histoire.

Les autres la touchent, caressent ses bras, embrassent ses mains. Elle laisse faire : ce qu'elle représente dans la pièce dépasse ce qu'elle est et elle en est irresponsable.

Ce qui pourrait être dit ici l'est directement par Suzanne et Joseph. La mère — objet du récit — n'aura jamais la parole sur elle-même.

Musique.

JOSEPH

La mère était née dans le nord de la France, dans les Flandres françaises, entre le pays de mines et la mer.

Il y a maintenant presque cent ans.

Fille de fermiers pauvres, l'aînée de cinq enfants, elle était née, elle avait été élevée dans ces plaines sans fin du nord de l'Europe.

Musique.
Ils attendent que s'écoule le temps de la

*musique. Cette musique c'est aussi l'histoire de
la mère.*

SUZANNE

Prise en charge par le département,
elle avait fait une école normale d'institutrice.
Son premier poste est Dunkerque – elle a entre
vingt-trois et vingt-cinq ans.

Un jour elle fait une demande pour entrer dans le
cadre de l'enseignement colonial.
Sa demande est acceptée.

Elle est nommée en Indochine française.
On doit être en 1912.

Ainsi la mère était quelqu'un qui était parti.
Qui avait quitté sa terre natale, son pays, très
jeune, pour aller vers l'inconnu.

Il fallait un mois de bateau pour aller de Marseille
à Saïgon.

Temps.

Plusieurs journées de chaloupe pour inspecter les
postes de la brousse le long du Mékong.
Dans cette brousse il y avait la lèpre, les épidémies
de la peste, et de choléra. Et la faim.

La mère avait donc commencé très tôt à inventer

13

d'entreprendre des choses comme ça. De partir, de quitter sa famille pour aller vers le voyage. Et la lèpre. Et la faim.

> *Silence.*
> *Joseph et Suzanne embrassent la mère, ses mains, son corps, se laissent couler sur elle, cette montagne qui, immuable, muette, inexpressive, leur prête son corps, laisse faire.*

inceste

SUZANNE

Les meilleures années de la mère c'est quand on est né. Deux enfants dans les trois années qui ont suivi son mariage avec un fonctionnaire de l'enseignement colonial.

D'abord Joseph, et puis moi.

JOSEPH

Elle se souvenait de ces années comme d'une terre lointaine, visitée, et quittée, aussitôt.

SUZANNE

On ne se souvenait pas de cette femme, notre mère, jeune, entourée d'enfants, aimée par cet inconnu, notre père. Belle.
Des yeux, verts, disait-on. Des cheveux noirs.

Silence ou musique.

Et puis le père est mort. On avait entre quatre et sept ans.

JOSEPH

De la période qui a suivi elle n'a jamais parlé volontiers.
Elle disait que ça avait été difficile.

SUZANNE

Elle a continué à enseigner. Ce n'était pas suffisant.
Pendant deux ans elle a donné des leçons de français, en plus.
Puis – on grandissait – ça a été encore insuffisant.
Alors elle s'est engagée à l'Eden Cinéma,
comme pianiste.
Elle y est restée dix ans.
Jusqu'à la fin du cinéma muet.

→ la mère aussi reste muette

Musique.

JOSEPH

Elle nous emmenait avec elle à l'Eden.
On dormait autour du piano sur des coussins.

Musique.

Elle n'a jamais pu se séparer de ses enfants, la mère. Où qu'elle aille.
Elle nous traînait agrippés à son corps.

SUZANNE

Sauf à la fin quand elle a été très près de la mort.

Temps.

Elle n'a pas demandé à nous parler.
Elle ne nous a plus vus tout à coup — enfin occupée d'elle-même mourante, de sa seule vie qui prenait fin.

> *Musique.*
> *Cette valse, encore, qui vient de l'Eden.*
> *Les enfants racontent sans tristesse l'histoire de la mère. En souriant.*

JOSEPH

Elle était dure, la mère. Terrible. Invivable.

> *Les enfants embrassent les mains de la mère, caressent son corps, toujours. Et tou*

jours, elle se laisse faire. Elle écoute le bruit
des mots.

SUZANNE, *temps*

Pleine d'amour. Mère de tous. Mère de tout.
Criante. Hurlante. Dure. Terrible. Invivable.

JOSEPH

Pleurant sur le monde entier.
Sur les enfants morts de la plaine.
Sur les bagnards de la piste.

Sur ce cheval mort, ce soir-là.

SUZANNE

Sans Dieu, la mère.
Sans maître.
Sans mesures. Sans limites, aussi bien dans la
douleur qu'elle ramassait partout, que dans l'amour
du monde.

> *La mère est toujours là, immuable, elle*
> *écoute comme sans comprendre. Ils sont contre*
> *elle, couchés. Ils sourient toujours.*

La forêt, la mère, l'océan.
Musique plus longtemps.

17

Suzanne et Joseph se tournent vers le public
mais restent contre la mère.

On vous demande d'être attentifs à ce que nous allons vous apprendre sur elle.

Difficile à suivre, la vie de la mère, après l'Eden Cinéma.

Quand elle a décidé de mettre ses économies de dix ans dans l'achat d'une plantation.

JOSEPH

Ingrate, ardue, la vie de la mère. C'est des chiffres.

Des comptes.

Des durées vides. L'attente rebutante de l'espoir.

SUZANNE

Depuis l'Eden Cinéma dix ans ont passé.

La mère a des économies suffisantes pour adresser une demande d'achat de concession à la Direction générale de la Colonie.

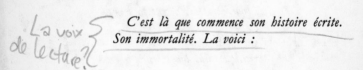

C'est là que commence son histoire écrite.
Son immortalité. La voici :

La voix
de lecture ?

On est en 1924.

Des milliers d'hectares sont lotis dans la plaine ouest du Cambodge, le long de la chaîne de l'Eléphant.

La mère, veuve, avec ses deux enfants à charge, a un droit prioritaire à une concession de cet ordre.

Elle l'obtient.

Elle demande sa mise en disponibilité.

Elle ne reviendra jamais à l'enseignement.

La mère engloutit dans cet achat sa force entière, la totalité de ce qu'elle a placé à la Caisse d'Epargne de Saïgon pendant dix ans.

La concession était grande : deux cents hectares, de la piste à l'embouchure de la rivière, le rac.

La première année la mère fait construire le bungalow.

Elle met en culture la moitié de la concession.

SUZANNE ou LA MÈRE,
celle-ci comme ignorant
le dire, mécaniquement

La marée de juillet monta à l'assaut de la plaine et noya la récolte.

SUZANNE, *comme lui*

Il restait à la mère la moitié de ses économies.

Elle recommença.

SUZANNE ou LA MÈRE, *idem*

La marée de juillet monta encore à l'assaut de la plaine et noya la récolte.

SUZANNE

La mère a dû se rendre à l'évidence :
parce que régulièrement envahie par les marées de juillet, sa concession était incultivable :
Elle avait acheté deux cents hectares de marécages salés.
Elle avait jeté ses économies dans les marées du Pacifique.

> *Musique.*
> *Suzanne et Joseph regardent la mère, de telle sorte qu'ils nous tournent le dos et que seule la mère se trouve de face. Ils l'enlacent comme dans le malheur. La mère toujours absente entend cette étrange histoire racontée par ses enfants. La sienne.*

JOSEPH, *douceur amour*

Elle ne savait pas la mère. Rien.

Elle était sortie de la nuit de l'Eden ignorante de tout.

Du grand vampirisme colonial.

De l'injustice fondamentale qui règne sur les pauvres du monde.

Musique.

SUZANNE, *tendresse très grande*
Sourire devant tant d'innocence

Elle l'a compris trop tard la mère.

Elle ne l'a jamais compris.

JOSEPH, *sourire*

Jamais.

SUZANNE ou LA MÈRE,
celle-ci récite comme un décret
non intelligible, à plat

Pour avoir une concession fertile il fallait la payer

deux fois. *Temps.* Une fois, ouvertement, au gouvernement de la colonie.

Une deuxième fois en sous-main, aux fonctionnaires chargés du lotissement. *Temps.*

Les concessions étaient toujours accordées à titre provisoire. *Temps.* Un certain délai passé, si les concessions n'étaient pas mises en culture le cadastre les reprenait. *Temps.* Elles étaient de nouveau loties. C'étaient ces concessions-là – pourries de sel – qui permettaient aux fonctionnaires du lotissement d'attribuer les autres, celles du Haut-Cambodge qui étaient fertiles, moyennant deux fois leur prix.

Aucune des concessions de la plaine n'avait été accordée à titre définitif.

Silence.

Rien ne pouvait pousser dans la plaine.

La plaine n'existait pas.
Elle faisait partie du Pacifique.
C'étaient des eaux salées, des plaines d'eau.

Temps.

On ne savait pas où commençait le Pacifique. Où se terminait la plaine.
Entre le ciel et la mer.

C'était vendu.
On achetait.

Musique.

Les quinze lotissements de la plaine avaient déjà ruiné une centaine de familles.

Elle, elle ne l'avait pas su.

Les Blancs restés dans la plaine vivaient du trafic du Pernod et de l'opium.

Certains étaient morts. D'autres avaient été rapatriés.

Elle, elle ne l'avait pas su.

Au sortir de la nuit de l'Eden elle avait porté au cadastre la totalité de ses économies.

Ils avaient pris l'enveloppe.

JOSEPH et SUZANNE,
l'un après l'autre

Il n'était plus rien resté à la mère.

Que ses pensions de veuve et de retraitée de l'enseignement colonial.

Ils se tournent vers la mère.

Alors qu'est-ce qu'elle avait fait?

Ils sourient à la mère : elle les regarde et attend *la réponse.*

Qu'est-ce qu'elle a fait la mère?

Ecoutez :

Faute d'arriver à fléchir les hommes, la mère s'est attaquée aux marées du Pacifique.

Musique forte, très forte.

Rires silencieux et extasiés des deux enfants (ce qui reste de cette aventure c'est surtout la folie de la mère. L'injustice dont elle a été victime allant de soi).

Le rire cesse. Ecoute attentive de l'infernal récit.

SUZANNE

Elle emprunte aux chettys de Saïgon — les derniers des usuriers du Sud asiatique.

Elle hypothèque son bungalow.

Elle vend ses meubles.

Et puis, elle construit des barrages contre les marées de l'Océan Pacifique.

Musique longuement.

JOSEPH

Les barrages, ce serait des talus de terre étayés par des rondins de palétuvier — imputrescibles — qui devaient tenir cent ans, au dire de la mère.

Elle en était sûre. Elle n'avait consulté aucun technicien. Elle n'avait lu aucun livre : elle en était sûre. Sa méthode était la meilleure. La seule.

SUZANNE

La mère avait toujours agi comme ça. Elle avait toujours obéi à des évidences dont elle seule avait la certitude.

Toujours.

Jusqu'à sa mort.

JOSEPH

A une sorte de logique définitive, invérifiable, qu'elle n'expliquait jamais, et qui, toujours, l'avait habitée.

Jusqu'à sa mort.   → répétition

Musique.

SUZANNE

Ecoutez : les paysans de la plaine, eux aussi, elle les avait convaincus.

Depuis des milliers d'années que les marées de juillet envahissaient la plaine...

Non... disait-elle. Non... Les enfants morts de faim, les récoltes brûlées par le sel, non ça pouvait aussi ne pas durer toujours.

Ils l'avaient crue.

Musique.

JOSEPH

Des milliers d'hectares allaient être soustraits au Pacifique.

Tous seraient riches.

L'année prochaine.

SUZANNE

Les enfants ne mourraient plus. Ni de la faim. Ni non plus du choléra.

On aurait des médecins.

Des institutrices comme jeune, elle, elle avait été.

JOSEPH

On construirait une longue route qui longerait les barrages et qui desservirait les terres libérées du sel.

On serait heureux. D'un bonheur mérité.

Musique.

SUZANNE

A la saison sèche les travaux commencèrent.

Trois mois.

La mère descendait avec les paysans, à l'aube, et revenait avec la nuit.

Trois mois.

> *Musique longue, pleine, forte, comme l'espoir même. Puis qui baisse doucement.*

SUZANNE ou LA MÈRE, *idem*

Puis aux grandes marées la mer est montée à l'assaut de la plaine.

Les barrages n'étaient pas assez solides. En une nuit ils se sont effondrés.

> *La mère a écouté sa voix et elle a essayé de se souvenir.*

JOSEPH

Beaucoup de paysans sont partis, avec les jonques, vers une autre région du Pacifique.

SUZANNE

Les autres étaient restés dans la plaine. Les enfants ont donc continué à mourir. Personne n'en avait voulu à la mère d'avoir espéré.

> *Musique.*
> *Suzanne ferme les yeux.*

La boue des rizières contient plus d'enfants morts qu'il n'y en a qui chantent sur le dos des buffles. Dans la plaine on ne pleure plus les enfants morts. On les enterre à même la boue. Le père en rentrant du travail le soir, qui fait le trou, et y couche son enfant.

JOSEPH, *ferme les yeux*

Les enfants retournent à la boue des rizières, à la terre des mangues sauvages de la montagne.

SUZANNE ou LA MÈRE, *idem*

Petits singes de l'embouchure du rac. *Temps.* Les enfants. *Temps.* Chaque année à la même époque, ils se jettent sur les mangues vertes. Il en meurt davantage dans les jours qui suivent. D'autres, l'année d'après, les remplacent.

> *Ils se lèvent. Restent debout. La mère se lève de même — comme obéissante : reste debout près de ses enfants — Musique.*

SUZANNE

C'est en 1931.
J'ai seize ans. Joseph a vingt ans.
Il nous reste le caporal.

Il est sourd. Il n'est plus payé.
Il reste. Il aime la mère d'un amour profond.

JOSEPH

L'endroit s'appelle Prey-Nop.
Ce nom est sur les cartes d'état-major. Prey-Nop.
Un village de quarante paillotes.

C'est à quatre-vingts kilomètres de Kampot, le
premier poste blanc : Kampot.

Musique lointaine.

SUZANNE

La mer est moins loin. Elle est à trente kilomètres.
C'est le golfe du Siam.
Il y a des îles. Sur les îles, des villages de pêcheurs.
La forêt longe la mer et la piste. Elle a débordé sur
les îles.
Elle est dangereuse.
Devant le bungalow, sa masse se dresse tous les
soirs, devant Joseph, le petit frère chasseur de
tigres.
La mère a peur.

Musique.

C'est là que nous avons été jeunes.

Que la mère a vécu son espoir le plus grand. C'est là qu'elle est morte.

> *Musique. Silence.*
> *Ils se lèvent tous. La mère et les enfants avec le caporal et, lentement, sur la musique, ils vont vers la scène et se séparent. Les enfants prennent une direction. Le caporal en prend une autre. La mère reste seule devant la scène. Toujours la musique qui diminue. Immobile, elle attend que s'installe le décor sonore : les bruits du soir de la plaine.*
>
> *Puis des cris d'enfants, des rires, des aboiements de chiens, des tam-tams. Puis les claquements d'un fouet. Et des cris de Joseph à travers les rumeurs de la plaine. La scène s'éclaire de lumière blanche et la mère pénètre seule, lâchée — adulte — dans la lumière aveuglante. Elle va et vient puis elle va s'adosser à un pilier du bungalow.*
>
> *Elle regarde la direction supposée du cheval.*
>
> *De l'autre côté arrivent Suzanne et le caporal qui s'arrêtent et regardent aussi vers la direction supposée du cheval.*

VOIX DE SUZANNE

Ce soir-là, ça faisait déjà huit jours qu'on avait acheté ce cheval et la carriole et que Joseph faisait le transport des paysans de Prey-Nop à Réam.

Suzanne, de loin, se tourne vers la mère.

Je me souviens d'elle ce soir-là. Elle porte sa robe de soie grenat usée à l'endroit des seins. Quand elle la lave, elle se couche et dort pendant que la robe sèche. Elle est pieds nus. Elle regarde le cheval. Elle commence à pleurer. *Temps*. Elle pleure.

JOSEPH

Le cheval n'avançait plus. Je l'ai traîné jusqu'au semis de riz. Il a essayé de manger, et il y a renoncé.

On nous avait trompés sur l'âge de ce cheval.

Le soleil se couchait.
Je savais que la mère regardait le cheval.

VOIX DE SUZANNE

Elle était déjà très malade. Elle ne pouvait plus parler sans crier. Parfois, elle tombait dans des comas de plusieurs heures.
La colère, disait le docteur. Depuis l'écroulement des barrages.

SUZANNE

Joseph a dit que cette nuit il allait chasser.

31

Temps.

Dans la remise il y avait déjà des biches qui pendaient, la mâchoire ouverte. On les gardait trois jours, puis après, on les jetait dans la rivière. Maintenant, on préférait les échassiers noirs. Joseph les tuait dans les marécages de l'embouchure du rac.

Moi aussi je la vois la mère.

Temps.

Elle va chercher une couverture et un pain de riz puis elle va aller les porter au cheval.

> *On voit ce qui est dit : la mère sort avec un*
> *pain de riz et une couverture. Silence.*

JOSEPH

Elle crie que le cheval va mourir. Qu'il a passé sa vie à traîner des billes de loupe de la forêt jusqu'à la plaine. Qu'il est comme elle. Qu'il veut mourir. Elle crie qu'il est mort.

> *La mère lâche brusquement le pain de riz et*
> *la couverture. Reste là. Puis repart. Traverse*
> *l'espace, va s'asseoir sur une chaise en rotin,*
> *regarde dehors. S'immobilise : Suzanne réap-*
> *paraît aux abords du bungalow. Elle regarde*
> *vers la mère. Puis se distrait, s'assied par*

terre, désœuvrée. Musique. Joseph arrive près d'elle.

VOIX DE SUZANNE

Le soir vient vite.
Avant la nuit, avec Joseph on se baigne dans le rac.
Joseph me force à rentrer dans l'eau.

Temps.

J'ai peur. Le rac vient de la montagne. A la saison des pluies des bêtes noyées descendent avec le courant, des oiseaux, des rats musqués, des chevreuils. Un tigre, une fois.

Temps.

Joseph joue avec les enfants de Prey-Nop. Il les prend sur ses épaules, il nage.
Au loin, la mère qui crie.

> *On entend d'autres cris que ceux de la mère.*
> *Puis ça se calme.*

JOSEPH

Elle se fatigue.

Elle crie moins.

Elle ne crie plus.

VOIX DE SUZANNE ou JOSEPH

Puis le soleil disparaît derrière la montagne.
Les paysans allument des feux de bois vert contre les tigres.
Les enfants rentrent dans les paillotes.

Temps.

Je me souviens : cette odeur de feu dans toute la plaine.
Partout cette odeur.
Sous le ciel la piste, blanche, droite, de la poussière.
Sur les flancs de la montagne, les carrés verts des poivrières chinoises. Au-dessus le brouillard des feux. La jungle. Et puis ce ciel.

SUZANNE ou LA MÈRE, *idem*

Ce ciel des Tropiques qui éteignait tout de sa pureté.

Musique.

SUZANNE

Déjà on pensait à laisser la mère là.
A quitter la plaine.

Bruits de la plaine.

JOSEPH

Avec le vent de la mer, l'odeur des îles qui arrive,
celle de la saumure de poisson, âcre, mêlée à celle des
marécages. A celle des feux.

Tam-tams au loin : bruits mêlés aux odeurs.

SUZANNE

Déjà on commençait à penser qu'il valait mieux
qu'elle meure.

*Les enfants Joseph et Suzanne rentrent.
Silence.
Il n'y a pas de musique.
Seulement les rumeurs de la plaine. La
lumière baisse.
Cris d'enfants, rires d'enfants, beaucoup.
Suzanne et Joseph vont à l'intérieur du
bungalow. Disparaissent à l'intérieur.
Réapparaissent — Suzanne vient de la ter-
rasse.*

On entend le phonographe qu'elle a mis en marche.

Joseph revient avec un fusil. S'assied, graisse le fusil. Essaie une lampe à acétylène — sa lampe de chasse.

Suzanne le regarde faire. Regarde la plaine. Le disque que met Suzanne c'est la musique de la pièce, la Valse de l'Eden Cinéma — comme s'ils tournaient en rond dans ce lieu.

La mère va, vient.

Met la table : deux assiettes, celles des enfants. Apporte des plats — qui fument — sur la table. Les enfants regardent ces plats, comme dégoûtés. La mère, elle, regarde ses enfants.

Le caporal entre avec du riz chaud, le pose sur la table.

Puis, s'assied dans un coin.

Et lui, il regarde la mère.

Personne ne mange.

SUZANNE

Alors Joseph a proposé d'aller à Réam pour se consoler de la mort du cheval.

> *Lentement ils se préparent à aller à Réam.*
>
> *La mère relève ses cheveux.*
>
> *Suzanne, Joseph et la mère mettent des souliers.*

36

Le caporal sort et revient avec un arrosoir rempli d'eau.

Musique pendant ce temps qui passe.

VOIX DE SUZANNE

Réam, c'était un port de cabotage au bout de la piste. Des petites compagnies de navigation qui drainaient la saumure et le poivre, vers Bangkok. Au retour, elles ramenaient le Pernod de contrebande, l'opium.

Musique lointaine.
Ils sortent les uns après les autres par-derrière la maison.

JOSEPH

Il y avait une cantine à Réam. Tenue par un vieil Européen, peut-être un Allemand. On y dansait le soir. Et quelquefois, il y avait des équipages en escale, des officiers, et des putains blanches qui allaient et venaient entre le Siam et l'Indochine.

Musique de plus en plus présente.
La lumière baisse après leur sortie du lieu-bungalow.
Le lieu-bungalow s'éteint.
Bruit de moteur et musique de plus en plus forte.

Puis la musique baisse à mesure que monte une lumière mauve sur l'avant-scène.

Et les voilà qui réapparaissent.

Les quatre ensemble, ils marchent — suivant le tracé du plateau — en cadence sur la valse. Ils sourient. Ils marchent ensemble — ou si l'on veut — ils marchent en dansant, avancent vers Réam, tous également jeunes et pleins d'une joie égale.

Musique violente.

Leur cadence n'est pas égale.

Ils dansent, s'éloignent les uns des autres, se rejoignent, dans une liberté chaque fois différente.

La mère et le caporal sont à l'unisson. Ils tournent, disparaissent, reviennent.

Enfance profonde de tous. Ce qu'on voit de plus clair c'est cette joie.

Tandis qu'ils marchent, voix de Suzanne.

Passage lyric

VOIX DE SUZANNE

Ah, cette piste entre Réam et la mer.
Qu'elle était belle.

Temps.

Elle avait été construire par des bagnards. On les enchaînait les uns aux autres.

Elle avait été pilonnée par les enrôlés des milices, par le caporal aussi, pendant dix ans, la trique au cul.

Qu'elle était belle cette piste pour moi.

C'était par là qu'on quitterait la mère.
Qu'on partirait, Joseph et moi.
Des chasseurs qui s'arrêteraient et qui nous emmè-
neraient.
Irrésistiblement.

On les entendait de loin, les autos des chasseurs.
Des Blancs, toujours, les seuls voyageurs de la
plaine.
On les entendait klaxonner de loin. Les enfants se
sauvaient de la piste.
Ils passaient dans un nuage de poussière blan-
che.
Eblouissant.

Un jour. Un jour viendrait.
Tous les jours je m'asseyais aux abords de la
piste.
Je les regardais passer. Un jour viendrait. *inceste*
Il serait jeune. L'âge de Joseph. Chasseur.

VOIX DE SUZANNE

Il y avait un an, un officier de marine, à Réam,
m'avait proposé de me faire visiter son bateau. On
était seuls sur le pont du bateau, face au quai. C'était
le soir. *Temps.*
On entendait la musique de la cantine de Réam.
On voyait la cantine. On voyait Joseph. Il dansait
avec la femme du douanier. L'officier m'a demandé

mon âge. J'ai dit : quinze ans. Il m'a dit que j'étais jolie. Il m'a embrassée.

> *Musique forte sans paroles. Puis qui baisse.*

Je vois tout : les chasseurs s'arrêtent devant le bungalow. Un pneu a crevé. Et Joseph les aide à réparer.

Je la vois, elle, la femme qui est avec le chasseur, l'homme de la piste : elle est blond platine, elle fume des 555, elle serait fardée, très blanche.

Pour Joseph. Je la prends, je la donne à Joseph.
Que d'amour, ce petit frère silencieux et fou.
Il va chercher les panthères à l'embouchure du rac, sous le soleil, il a quatorze ans, je me souviens, la mère dit qu'il la fait mourir.
Il revient à la nuit, avec la panthère tuée à l'avant de la barque.
Je pleure. Il me dit que la prochaine fois il m'emmènera. Il s'en va. La mère n'a pas entendu.

C'est ensemble qu'on quitterait la mère.
Ensemble qu'on la laisserait, là. Dans cette plaine, seule avec sa folie.

Sans prévenir. Pendant la sieste : elle dort comme une masse : on part.

Elle se réveille. Elle hurle les noms de ses enfants. On répond plus, plus d'enfants dans la plaine. Elle

prépare le repas d'échassier et de riz. Plus personne
pour manger. La plaine est vide. On n'est plus là.

La terre au premier jour.

Elle serait punie la mère.

De nous avoir aimés.

> *Silence. Puis musique.*
> *Puis la musique cesse progressivement.*
> *Ils sont arrêtés, dos au public, immobiles,*
> *attendent devant le lieu-cantine éteint (c'est*
> *bien entendu le même lieu que le lieu-*
> *bungalow).*
> *Puis ils entrent dans la cantine.*
> *Voix de Suzanne sur le noir.*

Dans la cour de la cantine de Réam ce soir-là il y
avait une grande limousine noire.

A l'intérieur de cette limousine, un chauffeur en
livrée qui attendait.

> *Musique.*
> *La cantine s'allume.*
> *Eclairage électrique — ampoules visibles,*
> *lumière rougeoyante et triste.*
> *Lorsque la cantine s'éclaire tous sont déjà*
> *assis, immobiles, figés dans la musique forte et*
> *la lumière.*
> *Force de cette image : au centre de la scène*
> *Mr Jo. Il est en blanc, diamant au doigt, il est*
> *très éclairé. Les autres sont dans l'ombre et le*
> *regardent. Sauf Suzanne. Regardée par lui,*
> *Mr Jo.*

Mr Jo était riche. Il était le fils unique d'un grand spéculateur de Saïgon.

Le père de Mr Jo avait racheté les plantations des Terres Rouges du nord du Cambodge pendant la crise du caoutchouc, il y avait dix ans. Il les revendait maintenant à prix d'or à des sociétés étrangères.

Le seul héritier de cette immense fortune était ce soir-là à Réam.

Musique.

Le diamant à la main gauche était énorme.

Temps.

Le costume était en tussor chinois – coupé à Paris. La limousine était admirable. Il était seul. Milliardaire.

Il était seul et il me regardait.

> *Du temps passe. Musique. Scène sans paroles :*
>
> *La mère voit le regard de Mr Jo sur sa fille.*
>
> *Elle se met à regarder sa fille.*
>
> *Et celle-ci sourit à l'héritier du planteur du Nord.*
>
> *En silence, le caporal est entré et s'est accroupi. La mère et le caporal regardent Suzanne qui sourit au planteur du Nord : pas Joseph. Joseph regarde le sol.*
>
> *Sur les tables, du champagne est servi.*

Musique forte puis qui faiblit.

Il fallait partir de la plaine. Je savais que la mère avait peur de mourir alors qu'on était encore si jeunes. J'ai compris le regard de ma mère. J'ai souri au planteur du Nord.

Temps.

C'était ma première prostitution.

> *Silence. Musique, mais faible. (La musique ne doit jamais gêner l'écoute des paroles.)*
> *Mr Jo se lève et va s'incliner devant la mère.*
> *La mère esquisse le geste de se lever.*

LA MÈRE, *très bas*

Mais comment donc, je vous en prie...

> *Mr Jo va inviter Suzanne à danser.*

> *Ils dansent.*
> *La mère regarde. Pas Joseph. Peut-être Joseph regarde-t-il vers le port pour ne pas regarder Suzanne.*
> *Conversation entre Mr Jo et Suzanne, lente.*
> *Première scène jouée.*

Mr JO, *voix douce et distinguée*

Vous habitez la région?

SUZANNE

Oui.

Temps.

C'est à vous l'auto qui est là-bas?

Mr JO

Oui.

Temps.

Est-ce que je pourrai être présenté à Madame votre mère?

SUZANNE

Oui.

Temps.

Quelle marque c'est?

Une Morris Léon Bollée.

Temps.

C'est ma marque préférée.

Temps.

Vous aimez tellement les automobiles?

SUZANNE

Oui.

Temps.

Ça fait combien de chevaux?

Mr JO, *hésite*

Vingt-quatre, je crois.

SUZANNE

Temps.

Ça coûte combien une auto comme ça?

Mr JO, *hésite*

Dans les cinquante mille piastres, je crois.

> *Suzanne s'arrête de danser pendant quelques*
> *secondes et regarde Mr Jo.*

SUZANNE

C'est formidable ce que c'est cher.

Mr JO, *surpris*

C'est un modèle spécial, c'est pourquoi.

> *Pas de réponse de Suzanne qui devient*
> *pensive.*
> *Joseph cesse de regarder le port. Il regarde*
> *sa sœur. Ils se regardent. La mère le voit.*
> *Comme éblouie par Mr Jo et intriguée et*
> *inquiète du regard entre Joseph et Suzanne.*

Mr JO

Je suis venu surveiller un embarquement de latex...

> *Pas de réponse de Suzanne.*

Une belle fille comme vous doit s'ennuyer dans
cette plaine...

Vous êtes si jeune.

> *Pas de réponse de Suzanne.*
>
> *Musique forte. Danse sans paroles, assez longtemps. Mr Jo danse bien. Suzanne est distraite.*
>
> *La danse se termine. La musique reprend tout de suite.*
>
> *Mr Jo et Suzanne vont à la table de la mère.*
>
> *La mère se lève pour dire bonjour à Mr Jo.*
>
> *Joseph reste assis.*
>
> *Mr Jo s'assied. Puis Suzanne. Ils sont assis.*
>
> *Le champagne est là.*
>
> *Ils parlent.*
>
> *C'est Suzanne qui parle la première.*

SUZANNE, *à Joseph, d'une traite*

Son auto c'est une Morris Léon Bollée. Ça fait vingt-quatre chevaux.

Mr JO

J'ai un roadster deux places que je préfère à celle-ci.

JOSEPH

Ça tient la route?

Mr JO

Oui. Quatre-vingts dans un fauteuil. Avec le roadster j'arrive à cent – facilement.

La mère écoute.

JOSEPH

Combien de litres au cent?

Mr JO

Dix-sept. En ville, vingt.

SUZANNE

Ça vaut cinquante mille piastres.

LA MÈRE, *croit avoir mal entendu*

Quoi?

Mr JO *égal à lui-même*

Vous avez quelle marque vous autres?

Ils se regardent sans répondre.

LA MÈRE, *temps*

La nôtre, c'est une Citroën.

Mr JO

Ah. Ça consomme moins, la Citroën.
Et puis pour cette piste...

Joseph et Suzanne éclatent de rire.

JOSEPH

Vingt-quatre litres au cent, la nôtre.

Mr JO

C'est énorme...

JOSEPH, *rire*

Au lieu de douze... Mais le carburateur c'est une
passoire.

La mère est gagnée par le fou rire de Suzanne et de Joseph.

SUZANNE

S'il n'y avait que ça, ce serait rien...
... s'il n'y avait que le carburateur... il y a le radiateur...

Regain de fou rire.
Mr Jo sourit, décontenancé.

JOSEPH

Un record... Cinquante litres au cent.

LA MÈRE, *répète*

Cinquante litres au cent.

JOSEPH, *reprend le jeu de Suzanne*

Et s'il n'y avait que ça... le carburateur et le radiateur...

Attente. Puis reprise irrésistible du fou rire.

JOSEPH

Nos pneus... il y a nos pneus... devinez avec quoi on roule dans nos pneus...

Le fou rire culmine.

JOSEPH

... Des feuilles de bananier... On les bourre avec des feuilles de bananier.

Mr Jo attend que le rire se passe.

Mr JO

C'est original... c'est marrant, comme on dit à Paris.

Ils ne l'écoutent pas. Ils continuent.

JOSEPH

Quand on part en voyage on attache le caporal sur le garde-boue avec un arrosoir...

Rires fous des trois.

Et on lui met une lampe de chasse sur la tête parce que nos phares... il y a dix ans qu'ils n'éclairent plus...

Répit dans le rire. Puis ça recommence.

JOSEPH

S'il y avait que ça...

Attente. Suzanne et la mère sont suspendues à ce que va dire Joseph qui rit déjà.

LA MÈRE

... quoi?

JOSEPH

S'il n'y avait que ça... L'auto... Mais on avait des barrages... des barrages...

Il ne peut plus parler tellement il rit. Cris de rire de Suzanne et de la mère.

JOSEPH *continue*

L'histoire de nos barrages, c'est à crever de rire...

Rires. Rires. Mr Jo stupéfait.

JOSEPH

On croyait que c'était possible. Oui... On voulait *(temps)* on voulait arrêter le Pacifique...

Silence soudain. Mr Jo impressionné.

Mr JO

Pourquoi arrêter le Pacifique? *(temps, il se souvient)*. Ah oui... oui j'ai entendu parler de cette tentative... Ces barrages *(temps)* vous n'aviez pas eu de chance... une mauvaise concession...

JOSEPH, *sourit*

Oui... C'est ça... *(il montre la mère)*. Elle savait pas.

LA MÈRE, *comme s'excusant*

Je ne savais pas.

SUZANNE

Rien. Elle savait rien.

JOSEPH

Elle voulait arrêter le Pacifique — elle croyait qu'on pouvait.

SUZANNE

Elle le croit encore.

Ils regardent la mère. La mère écoute.

JOSEPH

C'est vrai, regardez-la, elle le croit encore.

SUZANNE, *rêveuse*

Elle doit être un peu folle *(temps)*. On doit être un peu fous.

JOSEPH, *montre la mère*

Elle, oui.
Elle, elle est complètement folle.

La mère est comme épouvantée tout à coup.
Joseph continue à la regarder et à rire de
nouveau. Suzanne de même. Et la mère aussi.
Les trois rient sur elle, sur la folie de la
mère.
Les enfants répètent :

JOSEPH et SUZANNE

... complètement folle... complètement... *(plusieurs redites).*

Le rire cesse. La musique reprend, faible.
La lumière baisse. Mr Jo regarde Suzanne.
Joseph et Suzanne se taisent. Musique. Mr Jo
offre un cigare à Joseph. Joseph fume le
cigare.
La mère se tait et somnole.

Mr JO

Je pourrai vous revoir?

SUZANNE

On habite le bungalow à gauche de la piste en allant vers Kampot, au kilomètre 184.

Fin de la scène jouée.

La lumière baisse à l'intérieur du lieu-cantine.

Tous sont redevenus silencieux. Le récit de Suzanne reprend.

récit reprend

⟵

VOIX DE SUZANNE

Et on a pris l'habitude de se laisser conduire à Réam par Mr Jo.

On aimait bien rouler en auto.

Temps.

Ça a duré un mois.

Ça nous coûtait rien. Tous les soirs on buvait du champagne.

Temps.

La mère, au retour, dormait dans la Morris Léon Bollée, saoule.

C'était ma première aventure.

On aurait pu dire qu'elle arrivait aussi bien à Joseph et à la mère.

Temps. Silence.
La lumière s'inverse, toujours, pendant que Suzanne parle, le dehors s'éclaire très fort — tandis que s'assombrit le lieu-cantine.
Suzanne reprend.

56

Il arrivait l'après-midi bien avant l'heure d'aller à Réam.

Temps.

On restait dans le bungalow lui et moi.

4ᵉ
Scène

> *Le lieu-bungalow s'éclaire.* *Lumière solaire forte qui rejoint celle du dehors.*
>
> *Mr Jo et Suzanne sont là, assis. Seuls. La seule différence entre la cantine et le bungalow encore une fois est la nature de la lumière.*
>
> *Mêmes sièges en rotin, même table, même vue (sur la montagne).*
>
> *La mère et le caporal, lentement, traversent l'espace nu qui se trouve derrière le bungalow. Le caporal porte des outils de jardinage. La mère a un chapeau de paille.*
>
> *Ils disparaissent.*

La mère est avec le caporal. Ils sarclent les bananiers.

Je ne sais pas ce que fait Joseph.

> *Suzanne se lève et se dirige vers le phono. Silence.*
> *Suzanne remonte le phono. Met un disque. Musique. Eden Valse.*

Mr Jo n'avait plus d'autre choix. C'était me voir, comme ça tout le temps, ou bien m'épouser. La mère avait dit : ça ou rien.

L'épouser ou rien.

Elle espérait.

Quelquefois je m'endormais.

Je me réveillais.
Je retrouvais Mr Jo au même endroit, toujours surveillé par la mère.

Temps.

Joseph avait dit aussi : ça ou rien.
Joseph répétait ce que disait la mère.

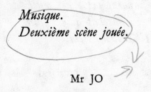

Musique.
Deuxième scène jouée.

Mr JO

C'est un vieux phonographe, ça.

SUZANNE

Il est à Joseph. C'est quand ma mère était à l'Eden Cinéma, elle l'avait acheté.

SUZANNE, *vers nous, mais*
sans changer de position } aparté
narration

Il m'avait déjà donné une robe bleue, un poudrier,
du vernis à ongles, du rouge à lèvres, du savon fin et
de la crème de beauté.

Mr JO

C'est un très vieux modèle. Je m'y connais en
phonographe.
Chez moi j'ai un phono électrique que j'ai rap-
porté de Paris.

SUZANNE

Votre phono électrique c'est bon quand on a
l'électricité.
Ici, on l'a pas.

Mr JO

Il n'y a pas que les phonos électriques. Il y en a
d'autres qui valent les phonos électriques.

SUZANNE

Ah.

Silence. Musique seule.

Suzanne... Ma petite Suzanne... Quel supplice...
être si près de vous et si loin...

Suzanne commence à dégrafer sa robe.

VOIX DE SUZANNE

Joseph avait couché avec toutes les femmes blanches qui étaient passées par Réam. Avec beaucoup
des indigènes de la plaine.

Quand il avait ce cheval il couchait avec ses
clientes dans la carriole. Il disait : Je crois que je
pourrais coucher avec toutes les femmes du
monde.

*Musique. Suzanne arrête son geste (de se
montrer).*

Moi, personne, encore.

Temps.

Ce que j'étais n'était pas fait pour être caché.
Mais pour être vu. Pour faire son chemin dans le
monde. Et Mr Jo appartenait quand même à ce
monde.

La lumière devait se faire sur ce mystère, cette
jeune fille.

Suzanne continue son geste. L'achève.

Mr Jo se lève, s'approche d'elle et s'arrête.

Dans la porte, au loin, on voit la mère qui s'arrête et regarde.

Musique.

Mr Jo disparaît dehors. Suzanne reste seule assez longtemps, comme exténuée tout à coup, sombre.

Elle réagrafe sa robe. La mère, au loin, immobile.

Mr Jo revient. Il est suivi du caporal qui porte un énorme paquet. Les deux font le tour du bungalow, côté piste, côté public. Tandis que Joseph, à son tour, apparaît.

La mère et Joseph se regardent.

Mr Jo et le caporal entrent dans le bungalow.

Le caporal pose le paquet sur la table.

Silence et immobilité de tous autour du paquet.

VOIX DE SUZANNE

Personne, rien de neuf n'était arrivé dans la plaine depuis six ans.

Ce qui était là, qui avait été amené par Mr Jo, arrivait de plus loin que lui. D'un magasin. D'une ville. Du monde entier.

C'est un phono. Je suis comme ça. Je tiens mes promesses.

J'espère que vous apprendrez à me connaître.

> *Mr Jo va vers le phono et s'apprête à enlever les ficelles du paquet.*
> *Suzanne l'arrête d'un geste.*

SUZANNE

Faut les attendre.

> *Le caporal s'est accroupi dans la pièce et attend lui aussi.*
> *Mr Jo regarde au-dehors, voit la mère et Joseph qui regardent, fixes, se rassied. Alors, lentement, Suzanne se tourne vers la mère et Joseph et leur sourit, longuement, avec amour.*

SUZANNE

C'était grâce à moi que le phono était arrivé ici, qu'il était entré dans le bungalow. Dans notre vie. C'était le prix du regard de Mr Jo sur moi. Je l'avais extrait du monde.

Je le donnais à Joseph, mon frère, mon petit frère mort, que d'amour.

Temps.

Devant moi Mr Jo pleurait.
A travers lui, je voyais la forêt de Joseph.

Mr JO

Je suis fou de vous. Je ne sais pas ce qui m'arrive.
Je n'ai jamais éprouvé ça pour personne.

SUZANNE

Faudrait rien leur dire.

Temps.

Les voilà.

En effet, Joseph et la mère arrivent.

SUZANNE

Quand ils demanderont ce que c'est, c'est moi qui
leur dirai.

Mr JO

Je suis moins que rien pour vous, moins que
rien.

La mère et Joseph entrent dans le bungalow,
contournent le paquet comme s'ils ne le voyaient
pas. La mère s'assied. Joseph sort du bunga-
low (vers la douche). Le caporal sort et attend
devant le bungalow, face au public.

La mère parle du caporal pour ne pas
parler du paquet.

LA MÈRE

Il devient de plus en plus sourd.

Mr JO

Je m'étonne toujours que vous ayez pris un sourd.
Ça ne manque pas, la main-d'œuvre dans la région.

> *La mère ne répond pas.*
> *Elle s'assied.*
> *Musique lointaine. Le paquet est toujours*
> *sur la table. Enorme. Invisible.*

LA MÈRE, *à Mr Jo*

Vous pouvez rester dîner si vous voulez.

Mr Jo, *sursaute*

Je vous remercie, je ne demande pas mieux...

64

SUZANNE

Il y a rien à manger, toujours de l'échassier, ça sent le poisson, ça donne envie de vomir. Il n'y a jamais rien d'autre.

LA MÈRE

C'est bon, c'est nourrissant.

Mr JO

Vous ne me connaissez pas, j'ai des goûts simples.

> *On entend des bruits d'eau.*
> *C'est Joseph qui prend sa douche.*
> *Le caporal a disparu depuis un moment.*
> *Il pénètre dans le bungalow avec un plat de riz chaud qui fume. Le pose sur la table, près du plat d'échassier.*
> *Joseph sort de la douche. Arrive. Voit les plats.*

JOSEPH

Toujours cette saloperie d'échassier.

LA MÈRE

Ils sont jamais contents. Ne les écoutez pas.

Immobilité de tous autour de l'objet.
Enfin Suzanne parle.

SUZANNE

C'est un phonographe.

JOSEPH

On a déjà un phonographe.

Mr JO

Celui-ci est plus moderne.

Suzanne ouvre le paquet.
Le phono apparaît. Elle le montre à Joseph
qui le remonte. Et devant Mr Jo, Joseph
questionne Suzanne.

JOSEPH

Tu lui avais demandé?

SUZANNE

Non.

JOSEPH

Il te l'a donné pourquoi?

SUZANNE, *regarde Mr Jo*

Je ne sais pas.

à Mr Jo : Pourquoi vous me l'avez donné?

> *Mr Jo pleure sans répondre.*
> *Joseph met un disque déjà entendu dans la pièce : la Valse de l'Eden.*
> *L'air rabâché devient plus net, plus parfait.*
> *Mr Jo pleure toujours.*
> *Et le miracle se produit.*
> *Joseph et Suzanne dansent ensemble.*
> *La mère les regarde émerveillée.*
> *Le caporal les regarde aussi.*
> *La danse devient comme une donnée de la parenté, ils dansent à deux comme un seul corps.*
> *La nuit tombe.*

Pour nous c'était ce qu'on avait entendu de plus beau.

Cette musique.

Tout devenait clair :

Lorsqu'on partirait ce serait cette musique-là qu'on chanterait.

Ils dansent.

LA MÈRE, *à Mr Jo*

J'ai quand même des beaux enfants.

Regardez. Ils se ressemblent, je trouve.

Ils dansent toujours.

VOIX DE SUZANNE

Cet air, c'était celui de sa mort. Né du vertige des villes fabuleuses.

Celui de notre impatience.

De notre ingratitude.

De l'amour de ce frère.

Ils dansent.

De mon amour pour lui, ce petit frère, ce petit frère mort.

Que d'amour.

La mère nous regardait. Pensive tout à coup.
Vieille.
On dansait sur son corps.

Musique. La danse, toujours.

LA MÈRE, *à Mr Jo*

Moi, à votre place, je l'épouserais, regardez-là.

Mr JO

Elle est tellement jeune, c'est terrible.
J'éprouve pour elle un sentiment très profond.

LA MÈRE, *douceur*

Temps

Je vous crois. Je le crois.

Temps.

C'est votre père qui ne veut pas d'elle ?

Mr JO, *faux*

On ne se décide pas à épouser quelqu'un en quinze jours. Madame...

Si. Dans certains cas, si.

> *Temps.*

Je vais mourir, vous comprenez, monsieur, alors il faut que je sois tranquille sur le sort de la petite.

> *Le bungalow où ils dansent se remplit d'ombre, peu à peu. Tandis que s'éclaire ce qui entoure ce bungalow, devant : l'endroit supposé de la piste et derrière : vers le public.*
> *Ils quittent la scène dans l'obscurité.*

> *Le changement se fait avec celui de la lumière et avec la musique.*
> *Cris au loin.*
> *On découvre Mr Jo et Suzanne assis aux abords du bungalow. Suzanne porte une robe bleue.*
> *Elle est fardée maladroitement.*
> *Elle se fait les ongles. Il la regarde.*
> *Dans le même temps, la mère est à l'intérieur du bungalow.*
> *Elle va et vient et regarde — vers le public — dans la direction de Suzanne et de Mr Jo. Puis repart vers la transparence arrière qui est supposée être la piste. Là : le caporal travaille à ajuster des planches sur le sol.*

Vous avez esquinté le pont. Faut laisser votre auto sur la piste.

Silence accablé de Mr Jo.

Elle ne veut plus qu'on aille dans le bungalow. Maintenant faut qu'on reste dehors.

Musique

Quelle auto j'aurai quand on sera marié?

Mr JO

Si on se mariait je crois que je serais terriblement malheureux.
Je ne sais plus quoi faire pour que vous m'aimiez.

SUZANNE, *reprend*

Quelle auto?

Mr JO

Une Lancia blanche, je vous l'ai déjà dit...

Et Joseph?

Mr JO

Je ne sais pas si je donnerai une auto à Joseph...
Ça je ne peux pas vous le promettre.

Suzanne se tait. Peur de Mr Jo.
Toujours, la musique.

Mr JO

Ça dépend de vous, vous le savez bien, de votre
attitude à mon égard.

SUZANNE, *douce*

Vous pourriez offrir une auto à ma mère, ce serait
pareil, il la conduirait.

Mr JO, *désespéré*

Mais il n'a jamais été question d'offrir une auto à
votre mère. Je ne suis pas aussi riche que vous
paraissez le croire.

Si Joseph n'a pas d'auto vous pouvez garder toutes vos Lancia et puis épouser qui vous voudrez.

Mr Jo vers Suzanne. Supplicié.

Mr JO

Vous savez bien que Joseph aura son auto. Vous me faites devenir méchant.

Mr Jo prend la main de Suzanne dans la sienne et l'embrasse.
Joseph vient d'apparaître derrière la transparence. Il aide le caporal à réparer le pont.
La mère va les rejoindre.
Suzanne regarde le sol.

VOIX DE SUZANNE

La veille, il m'avait promis une bague avec un diamant si je faisais avec lui un petit voyage à la ville.

Suzanne s'allonge sur son bras tandis qu'on entend sa voix.

Je lui avais demandé le prix du diamant, il ne

l'avait pas précisé mais il avait dit qu'il valait bien le bungalow.

Temps.

Je n'avais rien dit à Joseph de la proposition de Mr Jo.
Je cherchais comment avoir ce diamant, comment le faire venir vers la plaine, vers elle, ma mère. Je savais – Mr Jo me l'avait dit – que ce diamant était chez lui et qu'il attendait que je me décide pour me l'apporter.

Musique ou silence.
Mr Jo regarde Suzanne.
La mère les regarde.

Mr JO

Vous êtes belle.

Temps.

Vous êtes belle et désirable.

SUZANNE

Je deviendrai encore plus belle.

Quand je vous aurai sortie d'ici vous me quitterez, j'en suis sûr.

On dirait que Mr Jo est écrasé par le poids du désir.

VOIX DE SUZANNE

Il avait dit qu'il prolongeait son séjour dans la plaine sous prétexte de surveiller des chargements de latex à Réam. Moi je savais, il cherchait à tricher avec son père.

Temps.

Il avait dit : « Trois jours. Trois jours à la ville. Je ne vous toucherai pas. On irait au cinéma. »

Temps.

Un diamant qui valait à lui seul le prix qu'avait coûté le bungalow.

Musique.
Joseph les contourne. Traverse l'avant-scène, pénètre dans le salon et sort dans la direction de la mère et du caporal.
La mère revient vers la maison, entre, s'assied. Elle s'éponge le front. De loin, Joseph et Suzanne la regardent.

On avait toujours peur qu'elle meure. Toujours. A tout moment.

>   *Suzanne quitte Mr Jo, entre dans le bunga-low, et va vers la mère. Elle soulève les jambes de la mère et les pose sur un fauteuil. Puis elle sort, revient avec un verre d'eau et des pilules. La mère se laisse faire. Prend les pilules. Boit.*
>
>   *Bruit d'eau au loin : Joseph qui prend sa douche.*
>
>   *Mr Jo s'avance et regarde avec nous Suzanne et la mère : ces rapports silencieux, sauvages.*
>
>   *Suzanne sort encore, ramène un chiffon humide qu'elle met sur la tête de la mère. Puis elle s'accroupit contre son fauteuil et se met à éventer la mère. La mère s'assoupit : la régularité du geste la calme. La mère, calmée, se met à regarder son enfant.*
>
>   *Suzanne ne bronche pas.*
>
>   *Propos rudes, nets, entre Suzanne et la mère :*

LA MÈRE

Tu lui as parlé.

SUZANNE

Je lui en parle tout le temps.

Temps.

C'est son père.

Temps.

Il veut une jeune fille riche pour son fils.

LA MÈRE

Ah.

SUZANNE

Je crois qu'il a même pas encore parlé de moi à son père.

Temps.

Mais autrement il voudrait bien m'emmener.

LA MÈRE

Temps.

Comment?

Elle comprend toute seule.

Non.

Temps. Elle se reprend.

Toi qu'est-ce que tu veux?

SUZANNE

Temps.

Je veux rester avec Joseph.

La mère réfléchit, marmonne.

LA MÈRE

Joseph... toujours Joseph.

Silence.

Tu as quel âge, je ne sais plus.

SUZANNE

Seize ans.

LA MÈRE, *se plaint*

Seize ans... Mon Dieu... Mon Dieu.

> *Silence.*
> *Joseph entre. On dirait qu'il a écouté.*
> *Silence. Puis la mère parle.*

LA MÈRE

Il veut pas l'épouser, il veut pas.

JOSEPH

Alors qu'il revienne plus.

> *Silence ou musique.*

VOIX DE SUZANNE

Je n'avais pas parlé du diamant. J'avais peur de ce qu'elle m'aurait dit.

Elle aurait pu mourir d'apprendre le prix du diamant.

> *Silence.*
> *Joseph sort.*
> *La mère s'endort.*

Suzanne revient sur les abords du bungalow.
Ça s'éclaire.
Lumière blanche.

C'était tôt encore. Le soleil n'avait pas atteint la montagne.

Suzanne s'assied près de Mr Jo et regarde
autour d'elle. Au loin, dans le bungalow, la
mère qui dort : le centre, la mère endormie.

C'était donc fini avec Mr Jo.

Je l'avais oublié.

Des enfants chantaient encore sur les buffles le long du rac.
Je me souviens : leurs petites voix aiguës.
Il n'y avait aucun vent, l'air brûlait.

Chant d'enfants au loin.

SUZANNE ou LA MÈRE, *idem*

Il y en avait partout. Perchés sur les arbres. Accroupis au bord des marigots. Vivants. Morts. A l'avant des grandes jonques qui descendaient vers les îles, il y en avait aussi enfermés jusqu'au cou, dans des grands paniers d'osier. Dans la boue, aussi. Dans les cases.

Suzanne regarde Mr Jo qui a chaud.

Elle veut plus que je vous voie. C'est fini.

Rumeurs du soir.

SUZANNE ou LA MÈRE, *idem*

Avec les enfants, il y avait les chiens errants et les fous de la plaine. Les enfants s'amusaient avec. Et aussi cette masse calamiteuse, increvable des mendiants de la Malaisie qui descendaient par les vallées des fleuves jusqu'à la mer.

Mr JO

Je ne peux pas accepter ça, je ne peux pas.

Silence.
Suzanne chante l'air du phonographe.

Mr JO

Je vous aime, Suzanne.

SUZANNE

Temps.

Elle veut plus attendre.

Temps

Elle sait que votre père veut pas de moi.

Elle chante de nouveau.

Mr JO

Elle est terrible. Terrible. Votre mère.

SUZANNE

Oui.
Elle est folle.
Si on s'était mariés elle vous aurait demandé de quoi reconstruire les barrages... alors... voyez... elle les voit deux fois plus importants que les autres et faits en ciment.
Elle vous aurait demandé de faire arranger les dents de Joseph... alors voyez...

Suzanne rit.

Mr JO

Je ne peux pas accepter ça... je ne peux pas...

SUZANNE

Quoi?

Mr JO

Vous perdre...

Suzanne rit.

SUZANNE

Alors quand est-ce qu'on se marie?

Mr JO, *hypocrite*

Je vous le répète : quand vous m'aurez donné une preuve d'amour.

SUZANNE, *rit*

Quand j'aurai accepté de faire ce voyage de trois jours à Saïgon.

Elle rit. Mr Jo ne répond pas.

SUZANNE

C'est pas vrai.

Temps.

Si vous m'épousiez, votre père vous déshériterait.

Suzanne chantonne l'air du phonographe.
Joseph passe. Elle se relève à moitié et le
regarde disparaître.

SUZANNE

Je vais aller me baigner avec Joseph. On n'ira plus
à Réam avec vous.

Temps.

Joseph est d'accord avec elle.

Suzanne se relève et s'éloigne.

Mr JO, *sans bouger*

Je les ai apportés.

Suzanne s'arrête net.
S'immobilise le dos tourné.

SUZANNE

Temps.

Quoi?

Les diamants.

Temps.

Vous pouvez toujours en choisir un.

Temps.

On ne sait jamais.

> *Elle se retourne lentement. Il sort de sa poche un petit papier de soie; le déplie. Trois petits papiers de soie tombent par terre.*
> *Suzanne s'approche et regarde les bagues dans la main ouverte qui elle-même porte un diamant mais énorme.*

Mr JO

Ça vient de ma mère, elle les aimait à la folie...

> *Suzanne regarde les bagues et les essaye.*

VOIX DE SUZANNE

C'étaient des choses à part. Leur importance, ce n'était pas leur éclat, ni leur beauté mais leurs possibilités d'échange.

Suzanne montre une des bagues.

SUZANNE

Combien elle vaut celle-là?

Mr JO

Peut-être vingt mille piastres, je ne sais pas exactement.

Silence. Puis musique, loin.

VOIX DE SUZANNE

L'imagination se perdait. Dans la main j'avais une clef. Ça fermait le passé. Ça ouvrait l'avenir.

> *Musique forte.*
> *Au loin, la mère se réveille.*
> *Elle se relève et disparaît à l'intérieur du bungalow.*

Je connaissais des chiffres. Ceux des dettes de la mère aux chettys : quinze mille piastres.

Temps.

Ceux de l'Eden Cinéma, elle avait quarante piastres par soirée.

Ceux des cours de piano : quinze piastres l'heure.

Je savais le prix d'un rondin de palétuvier. D'un mètre carré de terre de la plaine.

D'une paire de souliers.

Ce que je ne savais pas jusque-là c'était le prix de l'argent.

prostitution

> *Suzanne s'assied, s'allonge, regarde le diamant à son doigt, ferme les yeux.*

Ça a été une fatigue très grande tout à coup.
Je me souviens, je n'ai plus reconnu la plaine.
Tout est devenu noir.

> *Silence. Musique.*
> *Mr Jo se penche vers Suzanne.*

Mr JO

Ma petite Suzanne... mon trésor.

> *Suzanne ouvre les yeux et le regarde.*

Mr JO

C'est celle-là qui vous plairait le plus?

SUZANNE

C'est la plus chère.

Mr JO

Vous ne pensez qu'à ça... Si vous m'aimiez...

SUZANNE

Même si je vous aimais, on la vendrait.

Mr JO

Je suis tout à fait découragé.

Musique.
Au loin Joseph passe.

VOIX DE SUZANNE

Depuis que Mr Jo était entré dans ma vie je trouvais Joseph plus beau qu'autrefois.

Je l'ai appelé. Je me souviens. Comme on appelle au secours.
Il s'est arrêté et puis il est venu.

elle comprend le désir

*On voit ce qui est dit. On n'entend pas
l'appel. Joseph s'approche de Suzanne.*

*En silence elle tend sa main, montre le
diamant. Joseph ne marque aucune sur-
prise.*

Une auto l'aurait impressionné, mais un diamant,
non, c'était trop petit. Trop loin. Il ne savait rien
encore de ça, des diamants.

Il a parlé du nouveau cheval qu'il voulait acheter,
il a dit qu'ils étaient tous à moitié crevés, qu'on n'en
trouvait pas à moins de cinq cents piastres.

*Suzanne tend toujours la main. Attend.
Aucune réaction de Joseph. Alors elle parle.*

SUZANNE

C'est un diamant.

Ça vaut vingt mille piastres.

*Joseph sourit (comme à une plaisanterie
d'enfant).*

JOSEPH

Vingt mille piastres.

Il cesse de sourire et regarde Mr Jo.
Temps assez long.
Mr Jo baisse les yeux.

SUZANNE

Il me le donnera si je pars avec lui.

JOSEPH

Où?

SUZANNE

A la ville.

Joseph regarde Suzanne.

JOSEPH

Pour toujours?

SUZANNE

Pour trois jours.

Mr JO, *crie* → pour de Joseph

Suzanne a mal compris.

Joseph se tait. Puis regarde le bungalow.
On dirait qu'il calcule. Il regarde Mr Jo. Il
regarde Suzanne. Et se tait.

Et tout à coup, de loin, la voix criante de
la mère. On ne comprend pas ce qu'elle dit
tout d'abord. Puis elle arrive dans la partie
visible du bungalow suivie du caporal. C'est au
caporal qu'elle parlait et qu'elle parle. Au
caporal qui n'entend rien. C'est pourquoi elle
crie. Puis elle s'assied à une table et recom-
mence à construire ses barrages*.

Le caporal s'assied aux pieds de la mère.
Ecoute le discours inaudible.

Exemple de discours inaudible de la mère :

Ce qu'il faudrait c'est creuser plus profondément...
dépasser la boue... atteindre l'argile... *Temps.* Oui
c'est ça... creuser l'eau...

renforcer le talus le long du rac et de l'autre côté
du bungalow... mais avant tout planter profond les
rondins de palétuvier, au moins à un mètre de
profondeur... essayer d'atteindre l'argile, de dépasser
la boue... tout est là... entre les pieux, cimenter... de
loin en loin, tous les dix mètres, couler des bases de
ciment... le ciment on peut l'avoir à Réam, à moitié
prix dans les réserves des services portuaires... ce
n'est pas ça le problème... le problème, c'est de
creuser la boue, d'atteindre... d'atteindre le fond des
marécages, l'argile... la première fois c'était ça qui

---

* Les propos de la mère au caporal seraient précis même s'ils
sont peu audibles.

manquait... le ciment... rappelle-toi les milliards de crabes qui ont traversé les barrages... la marée est passée... *Temps*. La première année il ne faut pas s'illusionner, il restera encore du sel... il faudra attendre pour laver la terre jusqu'à l'argile... à mon avis il faudra bien trois ans, etc.

> *Cette scène se prolonge tout au long de l'autre scène, celle entre Joseph, Suzanne et Mr Jo.*
> *Ici, où nous sommes, avec Joseph, Suzanne et Mr Jo, personne ne prend garde à l'autre scène, celle entre la mère et le caporal.*
> *Joseph s'en va sans un mot.*
> *Suzanne sort la bague de son doigt et la tend à Mr Jo qui la prend et l'enfouit dans sa poche. Puis reste là. Comme écrasé.*

Mr JO

Maintenant c'est foutu.

SUZANNE

C'est toujours comme ça.

> *Mr Jo pleure.*

Je lui aurais dit un jour ou l'autre.
J'aurais pas pu m'empêcher de lui parler du diamant.

Silence.
Toujours, les propos criés et confus de la
mère sur les barrages à venir.
Joseph repasse sans regarder Suzanne.

Je crois que c'est pas la peine de revenir.

Mr JO, *pleure*

C'est terrible... terrible... quel besoin de lui dire...

SUZANNE

Fallait pas me le montrer. Vous pouvez pas
comprendre.

Mr Jo pleure. Elle se tait.

Mr JO

C'est terrible... je ne peux pas, Suzanne, je ne peux
pas renoncer à vous... C'est plus fort que moi.

Silence. Suzanne commence à oublier
Mr Jo.

VOIX DE SUZANNE

J'ai eu envie d'aller dans la forêt avec Joseph.

C'était le bon moment, avec la fraîcheur du soir pour aller au village de la montagne.

Mr Jo avait l'air de souffrir beaucoup. De se débattre contre une image insupportable.

Silence.

J'ai appelé Joseph. Je lui ai dit que ce serait une bonne idée d'aller dans la montagne.

Joseph est arrivé. Je me suis levée. C'est à ce moment-là, je crois, que Mr Jo a crié. Il a crié qu'il me donnait le diamant.

> *Joseph et Suzanne immobilisés. La mère se tait brusquement.*
> *Silence. Plus aucun bruit. Puis Mr Jo va vers Suzanne.*
> *Mr Jo donne la bague à Suzanne.*
> *Tous regardent : la mère, Joseph et le caporal.*
> *Et tout à coup Suzanne court vers le bungalow. L'atteint. Tend la bague à la mère.*
> *La mère tend la main à son tour.*
> *Et le bungalow s'éteint.*
> *La scène est vide et noire.*
> *On ne voit pas Suzanne parler.*

VOIX DE SUZANNE

Elle a pris la bague et elle l'a regardée. Puis elle m'a demandé le prix que ça valait. J'ai dit vingt mille piastres. J'ai dit qu'il me l'avait donnée. Elle n'a pas eu l'air d'entendre.

J'ai répété ce que j'ai dit. Que ça valait vingt mille piastres et qu'il me l'avait donnée.

Tout d'un coup, je n'ai plus reconnu la mère.

Elle est allée dans sa chambre et elle a refermé la porte.

Je savais qu'elle était allée cacher la bague.

Elle cachait tout, la quinine, les conserves, le tabac. Entre des planches de la cloison. Dans son matelas. Sur elle, attaché à son corps, elle cachait aussi.

> *Musique.*
> *Le bungalow s'éclaire. Autour, maintenant, c'est la nuit partout.*
> *Décalage du temps :*
> *Ils sont là tous les trois. Suzanne et Joseph mangent. Pas la mère.*
> *Silence. Puis, Suzanne, de nouveau, raconte ce qui s'est passé — et que nous n'avons pas vu.*

VOIX DE SUZANNE

Quand elle était revenue de cacher la bague, elle s'était jetée sur moi et elle m'avait battue.

Elle criait.

Joseph était arrivé. D'abord il l'avait laissée me battre, et puis il l'avait prise dans ses bras, il l'avait embrassée.

Elle s'était calmée.

Musique.

Elle avait pleuré. On avait pleuré. Ensemble. Tous les trois.

Musique.

Et puis on avait ri.

> *Scène jouée :*
> *Dialogue direct, décalé comme la chronologie : c'est celui qui a dû suivre les coups, les larmes, le rire.*

LA MÈRE

Qu'est-ce que tu lui as dit?

SUZANNE

Je lui ai expliqué. Pour lui une bague c'est rien.

JOSEPH

Faut plus t'en faire pour elle comme ça. C'est fini.

SUZANNE

Pour Joseph non plus faut plus t'en faire.

LA MÈRE

Peut-être j'exagère, c'est vrai.

Temps.

Faut voir comme elle l'a eu ce Mr Jo.
C'est vrai que je m'en fais tout le temps.

Elle crie.

Il n'y en a pas que pour les riches. Nous aussi,
si on veut on est riches.

*Les enfants répètent la dernière phrase de
la mère.*

VOIX DE SUZANNE

La mère s'était endormie jusqu'au dîner.
En la couchant, Joseph avait vu : dans une ficelle
passée à son cou, il y avait la bague de Mr Jo.

Musique.
Le dîner. La mère se tait.
La lumière baisse de nouveau.

A la fin de l'après-midi on était allés au village de la montagne acheter des poulets. Pour manger en route, avait dit Joseph. Parce qu'on partait le lendemain matin pour Saïgon, vendre le diamant de Mr Jo.

FIN DE LA PREMIÈRE PARTIE

DEUXIÈME PARTIE

A l'avant de la scène, dans une lumière jaune, sur un canapé rouge — de très mauvais goût — sur lequel il y a des coussins très colorés, roses, verts, un pierrot et une poupée de foire, la mère est assise. Elle a un chapeau de paille. Des souliers noirs. Des bas de coton grège reprisés. Sa robe grenat. Elle tient à la main un gros sac noir bourré.

Près d'elle, assise, Suzanne — « fardée comme une putain » —, en robe bleue, également avec un chapeau de paille, un sac à la main. Elles sont toutes les deux assises — un peu comme dans un train.

Sur un guéridon, derrière elles il y a une pancarte « A vendre magnifique diamant ». Encore une fois, il y a un temps avant la parole — pendant lequel s'installe le décor sonore : bruits de la ville (cris de marchands ambulants, bicyclettes, crissement des tramways, klaxons, cliquetis des jeux de mah-jong, des socques, etc.).

Le premier diamantaire auquel la mère propose le diamant lui en offre dix mille piastres.

Il lui annonce que le diamant a un défaut grave : qu'on appelle « crapaud » en terme de bijouterie. Un défaut noir, une parcelle de carbone qui ternit la pureté de son eau. Et lui enlève la moitié de sa valeur.

La mère n'y croit pas. Elle veut vingt mille piastres du diamant.

Elle va voir un deuxième diamantaire.

Puis un troisième. Un quatrième diamantaire.

Tous lui parlent du crapaud. → enlève la valeur

Elle s'acharne, la mère.

Elle en veut toujours vingt mille piastres.

Moins on lui offre du diamant plus elle en veut vingt mille piastres.

Vingt mille piastres, c'était sa dette aux chettys, c'était le prix des nouveaux barrages, ceux qu'elle veut construire avant de mourir.

On lui offre onze mille piastres. Six mille piastres.

Huit mille piastres.

Elle refuse.

Ça dure huit jours. Elle part le matin. Elle revient à la nuit.

D'abord elle va chez les diamantaires blancs. Et

puis, chez les autres. Les Indiens. Et puis les Chinois de Cholen.

Joseph et moi on l'attend à la sortie des bijouteries, pendant huit jours.
D'abord Joseph revient le soir à l'Hôtel Central.
Et puis un soir il ne revient plus.
Il est parti avec la B12.

La mère ne prend pas tellement garde à cette disparition de Joseph. Elle s'occupe du diamant. Elle est occupée de nuit et de jour par la vente du diamant.

Elle confondait Mr Jo avec le crapaud qui était à l'intérieur du diamant.

Silence.
Suzanne sourit à la mère. La mère la regarde.
Cette rupture de l'immobilité devrait se faire dans le silence. On dirait que la mère essaye de se souvenir.

VOIX DE SUZANNE, *sourire*

Je me souviens, elle me disait : « J'aurais dû me méfier de ce crapaud dès le premier jour, dès que je l'ai vu à la cantine de Réam. »

La mère sourit.

Et puis elle s'est mis en tête de le retrouver. De retrouver Mr Jo.

Musique.

Un soir elle m'a dit que la seule façon d'en sortir, c'était de retrouver Mr Jo. De lui expliquer qu'il devait me donner les autres diamants, les deux autres diamants qu'il m'avait montrés.

La mère me dit qu'elle, elle se chargerait de rechercher Mr Jo dans la ville et qu'elle me l'amènerait à l'Hôtel Central.

Mais j'ai promis à la mère de le revoir et de lui demander les deux autres diamants qu'il m'avait montrés dans la plaine.

La mère a attendu Mr Jo à la sortie des cinémas. Devant les terrasses des cafés. Devant les magasins de luxe. Les hôtels.
Ça a duré encore huit jours après le départ de Joseph.
Après, la mère a commencé à désespérer de retrouver Mr Jo.
Mais elle a quand même continué à l'attendre. A le chercher. Partout dans la ville.

Quand elle se couchait, elle parlait de mourir.

Temps.

On descendait à l'Hôtel Central quand on allait à Saïgon.

L'Hôtel Central donnait d'un côté sur le fleuve, de l'autre sur le tramway qui reliait la ville chinoise de Cholen au quartier commercial de Saïgon.

C'était Carmen, la fille de Mlle Marthe, qui tenait l'Hôtel Central.

Mlle Marthe avait été putain dans un bordel du port de Saïgon.

Elle avait acheté l'Hôtel pour sa fille Carmen.

Mlle Marthe et Carmen avaient pour la mère une affection très grande, depuis des années elles ne lui faisaient plus payer sa chambre.

Cette fois-ci aussi, Carmen avait essayé d'aider la mère. Elle avait proposé le diamant aux clients de l'Hôtel Central.

Mais en vain.

C'étaient des représentants de commerce, des chasseurs, des planteurs aussi, des officiers de marine de passage, des femmes de toutes nationalités qui étaient là en attendant de rejoindre les bordels du quartier blanc ou ceux du port. Qui aurait acheté le diamant de Mr Jo?

Les premiers jours, en rentrant, le soir, elle demandait si on avait des nouvelles de Joseph.

Et puis après elle n'a plus rien demandé, soulagée, on aurait dit, qu'il soit parti.

Temps.
Suzanne se lève et s'éloigne de la mère.
La mère reste seule.
Suzanne la regarde. La mère ne bouge pas.
Moment qui devrait être terrible.

SUZANNE

Elle a voulu me vendre, la mère, à la place du diamant.

Elle demande à Carmen de me vendre.
De trouver un homme auquel me marier, qui m'emmènerait, loin, pour toujours.
Elle veut rester seule, la mère.
Pour toujours.

> *Lentement, la mère se tourne et regarde Suzanne. Regard bouleversant, qui ne nie pas, qui ne s'excuse pas. Temps.*

Elle ne veut plus de moi ni de Joseph.
Elle ne veut plus d'enfants.

> *Musique. Suzanne cache sa figure dans ses mains. La mère détourne son visage. Elles sont séparées.*

Carmen me fait coucher dans sa chambre.
Elle ne veut plus que je couche dans la chambre de la mère.

Elle a peur pour moi.

Musique.

Carmen me dit qu'il faut oublier la mère, qu'il faut nous rendre libres de cet amour que nous avons d'elle.

Qu'il vaut mieux n'importe quel mariage : « N'importe quel homme, elle disait, tu le tromperas au bout de trois mois. »

Mais elle, la quitter. La fuir. Cette folle. Cette démente.

Musique.
Suzanne change de place, va derrière la mère.
Chaque changement de position de Suzanne devrait être très violemment ressenti.

La fuir.

Ce monstre dévastateur, la mère.

Qu'est-ce qu'elle fait croire?

Qu'est-ce qu'elle a fait croire aux paysans de la plaine?

Elle a détruit la paix de ces paysans de la plaine.

Elle veut recommencer. Vendre ses enfants, recommencer.

Elle veut avoir raison de l'injustice, la mère, de l'injustice fondamentale qui régit l'histoire des pauvres du monde. Encore.

Elle veut avoir raison de la force des vents, de la force des marées. Encore.

Du Pacifique.

Elle voit encore des routes sur les eaux du Pacifique.

Du riz.

Il faut faire attention à la mère.

> *Suzanne s'éloigne de la mère.*
> *La mère sent ce mouvement de Suzanne, elle est comme contrite d'avoir été si insensée.*
> *Musique.*
> *Changement de place de Suzanne. Elle se détourne de la mère. La mère baisse les yeux.*

VOIX DE SUZANNE

Carmen m'a coiffée. Elle m'a habillée. Elle m'a donné de l'argent.

Elle m'a dit d'aller dans la ville.
De l'oublier.

J'ai pris les robes de Carmen. Son argent.

Je suis allée dans le haut quartier.

Pour chercher Joseph.

> *Suzanne immobile, face au public.*

Il est cinq heures de l'après-midi. Les Blancs sont reposés par la sieste. Ils ont pris leur douche du soir.

Ils sont en blanc. Habillés de toile blanche.

Ils vont vers les tennis.

Je cherche Joseph, mon petit frère.

> *Elle marche sur la valse tandis que la mère la regarde avec un sourire arrivé du fond du monde : « Enfant. »*

Les douleurs
de Suzanne

VOIX DE SUZANNE, *suite*

Plus de soleil déjà. Les arroseuses passent dans la rue Catinat.

Il fait chaud : la mousson qui arrive sur l'Indochine.

Je suis perdue.

Ma robe me fait mal, ma robe de putain. Mon visage me fait mal. Mon cœur.

Je suis laide. La ville entière le sait. La ville entière est avertie de mon existence.

Elle rit. Je vais au-devant des rires. Des regards.

Je suis perdue : cela se voit. En quelques minutes la ville entière en est avertie.

Je n'ai plus de mère. Je n'ai plus de frère : je vais tomber morte de honte.

La mère, cette espèce de vieille putain perdue dans la ville où est-elle?

A courir où? Sans moi?

Temps, lenteur.

Elle, ce serait Joseph qui la tuerait. Déjà il prépare son assassinat. Mon petit frère, où est-il?

Perdu dans la ville, ce menteur. Dans l'immense vulgarité, le commun du monde. Je le cherche pour le tuer.

Musique forte et puis qui diminue.

SUZANNE

Je rentre à l'Eden Cinéma.
Le piano est là. Fermé.

Je pleure.

Musique qui diminue encore. Suzanne regarde vers la mère. La mère la regarde.
Suzanne va vers la mère, s'assied près d'elle.

Ce soir-là je veux dormir près d'elle, la mère, contre son corps.

Déjà elle attend Joseph.

L'espoir la quitte de vendre le diamant.

Tout espoir.

Elle parle.

Suzanne va vers la mère. L'enlace.
Silence.
Puis la mère parle, bas. Scène jouée.

LA MÈRE

Carmen a trouvé quelqu'un.

Temps.

Il s'appelle Barner.
Il est représentant d'une usine de Calcutta.

Temps.

Importante.

Temps.

Il donnerait trente mille piastres.

Temps.

Tu partirais pour toujours.

Suzanne ne répond pas.

LA MÈRE, *distraite*

Peut-être que Joseph est mort.
Pourquoi ne serait-il pas mort... Sous un tram-way...

SUZANNE, *cri bas*

Non.

LA MÈRE, *comme indifférente*

Ah.

Temps.

Il reviendra, tu crois.

SUZANNE

Oui.

Silence. Musique. La mère reprend :

LA MÈRE

Il s'appelle Barner. Il est anglais.

Temps.

Il a quarante ans.

Temps.

Il a encore sa mère.

Temps.

Il travaille pour une grande filature de Manchester. En Angleterre. Il voudrait se marier. Depuis plusieurs années il en parle.

Temps.

Il voyage tout le temps.

Temps.

Carmen lui a proposé le diamant.
Il a hésité. *Temps.* Il l'aurait bien acheté pour sa mère.

Temps.

Et puis il ne s'est pas décidé.

Temps.

Mais il l'achèterait pour sa femme.

Temps.

Ce qui ferait : trente mille piastres plus vingt mille piastres : cinquante mille piastres.

> *Silence.*
> *Musique. Suzanne cache sa figure contre le corps de la mère — devant les chiffres dits, la honte pour elle, la mère.*

La mère vient de parler mécaniquement, sans force, sans conviction.

LA MÈRE, *terne*

Si Joseph ne revient pas, ce serait tout de même plus sûr.

Silence.
La mère commence à caresser les cheveux de son enfant, très doucement, comme distraitement. Suzanne glisse encore plus avant sur le corps de sa mère, s'y blottit encore plus avant. La mère attend la réponse de l'enfant.

LA MÈRE, *terne*

Alors?

SUZANNE

Je préfère un chasseur.

LA MÈRE, *sourire très lointain*

Pourquoi un chasseur. Toujours un chasseur.

Silence.
Pas de réponse de Suzanne.
La mère parle seule.

LA MÈRE

Un chasseur, tu pourras toujours en trouver un.

Temps.

Oui... Eh bien... C'est ce que je dirai...

Temps.

Je lui dirai que tu ne veux pas me quitter. *La mère parle seule. Temps.* C'est ce que je dirai.

Pas de réponse de Suzanne.
Silence.
Puis Suzanne relève la tête et regarde la mère.
Brutalité de Suzanne. La mère est comme indifférente, éteinte. Croit-elle aux mensonges de Suzanne?
On ne devrait pas le savoir.
Dialogue très lent, chaque mot, arraché.

SUZANNE

Joseph, il reviendra.

.

LA MÈRE

Ah.

SUZANNE

Je l'ai vu. Sur le boulevard Catinat. Il m'a dit qu'il reviendrait.

Temps.

Il a rencontré une femme au cinéma.

LA MÈRE

Ah... Alors il va partir.

SUZANNE

Temps.

Il reviendra.

SUZANNE

J'ai vu Mr Jo aussi.

LA MÈRE

Ah.

SUZANNE

Je lui ai parlé des diamants.

Temps.

LA MÈRE

Ah.
Il ne veut rien entendre?

SUZANNE

Rien.

LA MÈRE

Et pour le mariage?

SUZANNE

Rien. Pareil.

LA MÈRE

Temps.

C'est son père?

SUZANNE

Temps.

Je crois. *Temps.* Ils veulent pas de nous.

Temps.

LA MÈRE

Ah... Remarque... je les comprends...

SUZANNE

Temps.

Il m'a dit qu'il m'aimait.

Temps.

Il m'a embrassée.

LA MÈRE

Temps.

Ah.

SUZANNE, *signe de tête*

(Rien.)

Musique.
Elles se taisent.

*La mère paraît réfléchir. Ferme les
yeux.
A moitié.*

LA MÈRE, *réfléchit*

Je ne le vois déjà plus ce Mr Jo.

Temps.

SUZANNE

N'y pense plus.

Musique.

LA MÈRE

Oui. *Temps.*
Qu'est-ce que tu as fait?

SUZANNE

Je suis allée à l'Eden Cinéma.

Temps.

Le piano, il est là encore.

Temps.

Il sert à rien.

> *La mère s'en va dans les souvenirs de l'Eden. Toujours prête à « partir » ailleurs.*

LA MÈRE

Temps.

J'avais pensé à le racheter à un moment donné.

Temps.

Je ne vous l'avais pas dit.

Temps.

Pour que tu continues, toi...

Temps.

Tu avais des dispositions.

Temps.

Et puis, tu vois... (la vie...)

> *Silence.*
> *La mère, fixe, droite.*

La lumière baisse. Suzanne enlace le corps
de la mère. La mère reste fixe, droite.
Noir.

VOIX DE SUZANNE

Elle s'est endormie. J'ai dormi agrippée à son
corps. Au corps de la mère. On aurait dit qu'elle ne
me connaissait déjà plus. Mais son odeur était là,
celle de la plaine.

Sanglots d'enfant sur le noir.

Puis au matin Joseph est revenu.

Musique forte. Long silence.
Puis lumière sur un lieu de la scène.
Suzanne et la mère se dressent comme si
elles avaient entendu du bruit. Face à nous,
elles attendent.
Joseph apparaît dans la lumière. Il ne les
regarde pas, il ne regarde rien.
Elles ne se retournent pas. Joseph arrive,
vers elles, attend. Immobilité de tous. Puis,
paroles.

Il a dit qu'il venait nous chercher.
Qu'il fallait partir.

La mère s'est habillée.

Joseph se détourne.
Suzanne regarde Joseph.

Il avait maigri. Il fumait des cigarettes américai-
nes.
Il n'avait pas dû dormir depuis plusieurs nuits.
Quelquefois, au retour de chasser il avait cet air-là.

Je savais par Carmen.

A travers la colère d'avoir à nous ramener je vois
le bonheur écrasant de Joseph.
Et que c'en était fini de la plaine.

Il s'avance et il dit qu'il a vendu le diamant le prix
qu'en voulait la mère, vingt mille piastres. Sa voix
est douce, étrangère.

> *Joseph vient et en silence dépose les vingt*
> *mille piastres sur le guéridon, sans regarder la*
> *mère. La mère lui tourne le dos. Elle ne se*
> *retourne pas. Elle a l'air d'écouter.*
> *C'est Suzanne qui prend l'argent et le donne*
> *à la mère. Lenteur. La mère prend l'argent, le*
> *regarde et le met dans son sac.*
> *Immobilité de tous tandis que Suzanne*
> *regarde son frère.*

J'ai pensé : si je meurs il me regardera.

> *Joseph regarde Suzanne. Ils se regardent.*
> *La mère, isolée.*
> *Ils cessent de se regarder. De regarder.*

Ils attendent. Debout, fixes, comme égarés
tous les trois.

L'endroit s'éteint, progressivement. Tandis
que très lentement s'éclaire le lieu-bungalow que
nous retrouvons. Tandis que s'opère ce trans-
fert de lumière, lentement, ils repartent dans
la direction opposée à celle par laquelle Joseph
est arrivé*.
Musique.

Pendant tout le voyage, la mère a parlé.

Elle a dit qu'elle allait d'abord payer les chettys et
emprunter de nouveau à un taux plus bas que
l'ancien.

Elle a dit qu'elle allait de nouveau hypothéquer le
bungalow et payer d'un seul coup ses deux ans
d'arriérés d'intérêts.

Elle a dit qu'elle allait demander la pleine pro-
priété des cinq hectares du haut, vers la piste.

Elle a parlé des nouveaux barrages qu'elle devait
faire avant de mourir. D'une nouvelle méthode de
construction de barrages. D'un nouveau moyen d'atteindre la profondeur du marécage, le mal, le sel.

---

* Ici, un manque à voir la scène suivante, au théâtre, se produit. Je vois
cette auto noire qui avance dans la forêt, le long des montagnes du Siam.
La piste droite qui va vers les terres du barrage. Ce dernier voyage de la
mère avant sa mort. J'entends que la mère parle. Et qu'on ne répond pas.
On a seize ans, vingt ans.
En conséquence de ce manque à voir, pour ma part, faute de mieux, je
retiens ce parcours lent autour du bungalow qui s'éclaire, le récit se
poursuivant après la disparition des personnages au fond de la scène.

Moyen cette fois infaillible qu'elle avait découvert pendant ses nuits sans sommeil.

On ne lui a jamais répondu. Pas un mot.

On est arrivé au dernier poste blanc avant la piste de Réam. Il était six heures du soir.

Changement de lumière.

Joseph a pris de l'essence.

Il a payé.

De sa poche il a tiré une liasse de dix piastres. La mère a vu, elle n'a plus rien dit.

Joseph s'est assis sur le marchepied de la B 12, il a passé ses mains dans ses cheveux comme quelqu'un qui se réveille.

Ce n'est pas qu'il était seul. Il était avec elle, cette femme rencontrée à l'Eden Cinéma. Où qu'il soit, désormais, c'était avec elle qu'il était.

Déjà on voyait la chaîne de l'Eléphant gagnée par l'ombre. Joseph a regardé la forêt.
Il s'est étiré longuement.
Et puis il a dit qu'il avait faim.
C'étaient ses premiers mots depuis le départ de Saïgon.

La mère a pris des sandwichs que Carmen avait préparés pour le voyage.

On a mangé.

Tandis qu'on mangeait elle est enfin devenue tranquille.

Je crois qu'elle avait eu peur, la mère, de n'avoir même plus à nous nourrir. Même plus ça.

> *Le bungalow est éclairé. Personne n'est dedans. Comme si le bungalow attendait leur retour. Vide partout.*

Quand elle s'est réveillée, il devait être deux heures du matin.

La B 12 roulait régulièrement. La mère a pris la couverture sous la banquette, elle a dit qu'elle avait froid.

C'est à ce moment-là que Joseph s'est rappelé tout d'un coup. *Temps.* Il a fouillé dans ses poches et il a tendu quelque chose à la mère.

Il a ouvert sa main.

J'ai vu aussi.

Dans la main il y avait le diamant de Mr Jo.

La mère a poussé un cri.

Musique.

Joseph a dit que la veille, Carmen lui avait remis le diamant pour le vendre.

Qu'il l'avait vendu.

Et puis qu'on lui avait rendu le diamant.

Qu'il ne fallait pas chercher à comprendre.

La mère a pris le diamant avec beaucoup de peine.

Elle l'a enfermé dans son sac.

Puis elle a recommencé à pleurer.

Dans le bungalow, le caporal a pénétré.
Il apporte le thé. Fumée du thé chaud.

On ne lui a pas demandé pourquoi elle pleurait.

On savait pourquoi :

Elle avait espéré que cette fois-là aurait été la dernière, qu'après ce voyage à la ville il n'y aurait plus rien à vendre, plus rien à recommencer.

Les vingt mille piastres d'une nouvelle vente du diamant, c'était l'épouvante d'avoir à vivre encore.

C'est quand elle a pleuré ce soir-là que j'ai su, sa mort approchait.

Silence.
La mère rentre dans le bungalow.
Le caporal lui sert du thé chaud.
Ils boivent du thé : le caporal et la mère.
Pas de musique.

Le caporal avait préparé du thé chaud pour la mère.

Le jour se levait, là-bas, vers le Siam.
Du côté du Pacifique il faisait encore noir.

> *Ça s'éclaire légèrement.*
> *Silence profond.*
> *Pas de musique.*

C'est pendant les jours qui ont suivi, un peu avant le départ de Joseph, que la mère a écrit sa dernière lettre aux agents cadastraux.

> *Dans le silence, la mère se dresse et commence à lire la lettre (ou à la réciter).*
> *Le caporal écoute.*
> *La mère écoute aussi sa propre lettre.*
> *Suzanne n'est pas visible pendant la lecture, ni Joseph.*

LA MÈRE → TIRADE

Prey-Nop, le 24 mars 1931
Messieurs les agents cadastraux,
Je m'excuse de vous écrire encore. Je viens vous demander une nouvelle fois l'accord en concession définitive de cinq hectares de terre qui entourent mon bungalow.
Malgré l'inconvénient que présente pour vous l'attribution en concession définitive de ces cinq hectares, il faut vous incliner.

Temps.

Après moi, personne ne viendra ici.

Car si jamais vous réussissiez à me faire partir, lorsque vous viendriez montrer la concession au nouvel arrivant, cent paysans viendraient vous entourer pour dire au nouvel arrivant : « Enfoncez votre doigt dans la boue de la rizière et goûtez cette boue. Croyez-vous que le riz puisse pousser dans le sel? Vous êtes le cinquième concessionnaire. Les autres sont morts ou ruinés. »

Je sais votre puissance et que vous tenez la plaine entre vos mains en vertu d'un pouvoir à vous conféré par le gouvernement général de la colonie. Je sais aussi que toute la connaissance que j'ai de votre ignominie et de celle de tous vos collègues, de ceux qui vous ont précédés, de ceux qui vous suivront, de celle du gouvernement lui-même, toute cette connaissance que j'en ai — et qui à elle seule pourrait faire mourir rien que d'en supporter le poids — ne me servirait à rien si j'étais seule à l'avoir. Parce que la connaissance qu'a un seul homme de la faute de cent autres hommes ne lui sert à rien. C'est une chose que j'ai mis très longtemps à apprendre. Maintenant je la sais.

Alors, déjà ils sont des centaines dans la plaine à savoir ce que vous êtes.

Temps.

Ma lettre est longue. Je ne dors plus depuis mes malheurs, les barrages écroulés.

J'ai beaucoup hésité avant de vous écrire cette lettre, mais il me semble maintenant que j'ai eu tort de ne pas l'avoir fait plus tôt.

Pour que vous vous intéressiez à moi il faut que je vous parle de vous. De votre ignominie peut-être, mais de vous. Et si vous lisez cette lettre, je suis sûre que vous lirez les autres pour voir quel progrès a fait en moi la connaissance de votre ignominie.

Je parle de vous au caporal.

Je parle de vous à d'autres.

J'ai parlé à tous ceux qui sont venus faire les barrages et je leur explique inlassablement qui vous êtes.

Quand un petit enfant meurt, je leur dis :

« Voilà qui ferait plaisir à ces chiens du cadastre de Kampot. »

« Pourquoi cela leur ferait-il plaisir? » — ils demandent.

Je leur dis :

« Plus il mourra d'enfants dans la plaine, plus la plaine se dépeuplera et plus leur mainmise sur la plaine se renforcera. »

Ils demandent :

« Pourquoi n'envoient-ils pas de quinine? Pourquoi n'y a-t-il pas un médecin, pas un poste sanitaire? Pas d'alun pour décanter l'eau en saison sèche? Pas une seule vaccination? »

Je leur dis : pour la même raison.

Temps.

A mes enfants aussi j'ai parlé. Je m'étais toujours dit que je les informerais quand ils seraient moins jeunes, pour ne pas attrister leur enfance. Maintenant ils savent. Il y a quelques mois je leur ai appris qu'on était les quatrièmes sur cette concession, ruinés ou morts. Que vous l'aviez donc reprise quatre fois sous prétexte qu'elle n'était pas mise en culture dans les délais légaux. Que vous aviez donc touché quatre fois en sous-main les pots-de-vin habituels pour les plantations fertiles du Haut Cambodge.

Temps.

Ici il meurt beaucoup d'enfants. Les terres que vous convoitez et que vous leur enlevez, les seules terres douces de la plaine, sont grouillantes de cadavres d'enfants.

Alors, moi, pour qu'enfin ces morts servent à quelque chose, on ne sait jamais, bien plus tard, je leur parle de vous.

Je suis vraiment très pauvre maintenant et mes enfants vont probablement me quitter pour toujours et je ne me sens plus le courage ni le droit de les retenir. Ça commence à faire bien lontemps déjà que je passe des nuits à ressasser ces choses. Depuis le temps que ça ne sert à rien, je commence à espérer que le moment viendra où ces choses serviront. Et que mes enfants s'en aillent pour toujours jeunes comme ils sont et instruits comme ils sont de toutes ces choses sur votre ignominie, c'est déjà peut-être un commencement.

Temps.

Il vous faut me donner ces cinq hectares du haut qui entourent mon bungalow.

Vous me diriez, s'il vous plaisait une fois de me répondre :

« A quoi bon? ces cinq hectares ne vous suffiraient pas si vous les hypothéquez pour faire de nouveaux barrages. »

Je vous répondrais :

« Si je n'ai même pas cet espoir-là, alors il vaut mieux que je chasse mes enfants de la plaine et que je reste seule sur cette terre pourrie et que je m'occupe à faire ça, à faire assassiner les agents du cadastre de Kam. Quoi donc m'occuperait mieux dans le désert de ma vie?

Alors je parle aussi aux paysans de la plaine de la fin de votre règne.

Je leur dis : ce qu'il faut c'est que vous portiez les corps dans la forêt, bien au-dessus du dernier village, vous savez bien, dans la deuxième clairière, et dans les deux jours il n'en restera rien. Brûlez leurs papiers, leurs vêtements. Mais attention aux chaussures, aux boutons. Enterrez les cendres. Noyez leur auto loin dans le rac. Faites-la traîner par des buffles sur la berge, mettez des grosses pierres sur les sièges et vous la jetterez à l'endroit du rac où vous avez creusé quand on a fait les barrages. Dans les deux heures elle sera enlisée. Je leur dis : surtout ne vous faites pas prendre. Que jamais aucun de vous ne s'accuse. Ou alors que tous s'accusent. Si vous êtes mille à l'avoir fait ils ne pourront rien contre vous.

Je leur dis que si moi, je n'avais pas été seule à

lutter contre vous, il se serait agi d'une tout autre histoire que la mienne.

Si dans l'année qui vient je n'ai même pas la perspective d'une nouvelle défaite que me restera-t-il d'autre à faire que la besogne de votre assassinat?

Temps.

Où est l'argent que j'avais gagné, que j'avais économisé sou par sou pour acheter cette concession? Cet argent je vous l'ai apporté un matin, il y a sept ans.

Je vous ai donné tout ce que j'avais ce matin-là, tout, comme si je vous apportais mon propre corps en sacrifice, comme si de mon corps sacrifié il allait fleurir tout un avenir de bonheur pour mes enfants. Et cet argent vous l'avez pris.

Vous avez pris l'enveloppe.

Elle contenait toutes mes économies, tout mon espoir, ma raison de vivre, ma patience de quinze ans, toute ma jeunesse, vous l'avez prise d'un air naturel et je suis repartie, heureuse. Ce moment-là a été le plus glorieux de mon existence. Quel étonnement encore. Je vous revois : vous saviez que vous me vendiez des terres pourries de sel, que je jetais tout mon avoir dans les eaux du Pacifique. Et vous étiez aimables et souriants. Comment peut-on être ce que vous êtes et garder une apparence ordinaire? Comment est-ce possible? Comment peut-on faire métier de voler les pauvres et de s'enrichir de leur faim sans que rien puisse s'apercevoir de cette malfaisance? Sans que celle-ci ne vous tue pas à votre tour du moment que nous sommes tous pareillement faits et pareillement mortels?

Vous êtes ma pensée principale, mon idée fixe, depuis sept ans.

Je vous le répète une dernière fois, il faut bien vivre de quelque chose et si ce n'est pas de l'espoir, même très vague, de nouveaux barrages, ce sera de cadavres, même de méprisables cadavres des trois agents cadastraux de Kampot.

Musique.

VOIX DE SUZANNE

Cette lettre a été retrouvée près du corps de la mère après sa mort avec la dernière mise en demeure du cadastre. Autour de son cou il y avait la ficelle qui retenait la bague de Mr Jo.

> *Le lieu-bungalow s'éclaire complètement.*
> *Silence. C'est le jour. La mère dort.*
> *Comme si sa propre histoire l'avait bercée jusqu'au sommeil.*
> *Le caporal baisse un store vers le corps endormi de la mère.*
> *Ce corps cesse d'être visible, il devient une ombre noire dans la lumière blanche.*
> *Silence.*

Pendant les huit jours qui ont suivi notre retour,

Joseph est resté couché. Il se levait pour manger le soir.

Puis il restait sur la véranda, il regardait la montagne, la forêt.

On savait que son départ approchait.

Un après-midi, à la sieste, il m'a appelée. Il m'a dit qu'il voulait me raconter l'histoire.

Pour que je me souvienne après, quand il serait parti. Et encore après.

Et aussi parce qu'il avait peur d'oublier l'histoire, plus tard, quand il aurait oublié cet amour.

On est allé loin du bungalow, près du rac, à l'ombre du pont. Loin du corps endormi de la mère.

Séparés.

> *Musique.*
> *Eclairement des abords du bungalow.*
> *Mais l'ombre noire du corps reste visible.*
> *Musique.*
> *Joseph et Suzanne viennent, séparément.*
> *Elle s'assied loin de lui, loin de Joseph (ou elle s'allonge).*

J'ai écouté l'histoire de Joseph.
Il a parlé seul. Sans me voir.

JOSEPH

C'était à l'Eden, le soir.

Elle est arrivée en retard.

Je voudrais rien oublier. Pour que tu te souviennes, après quand je serai parti. Et encore après.

Je ne l'ai pas vue tout de suite.

Il y avait un homme avec elle. C'est lui que j'ai vu je crois.

Depuis qu'on est revenu ici, j'essaie de me rappeler... oui, c'est lui.

Tout d'un coup, j'ai entendu une respiration forte, tout près.
C'était lui.
Il dormait. *Temps.* Quelqu'un d'éreinté. D'heureux.

C'est ça... Elle a vu que je regardais et elle s'est tournée vers moi, oui...

Elle souriait.
Elle a parlé. Elle a dit : « C'est toujours comme ça. » J'ai répété : « Toujours? » Elle a dit : « Oui toujours. »
Ce mot...

C'est moi qui ai recommencé à parler. J'ai demandé pourquoi il dormait.
Elle a dit : « Parce que ça ne l'intéresse pas. »

Je lui ai demandé qui c'était. Elle a ri. Elle a dit que c'était son mari.

Elle a tiré un paquet de cigarettes de son sac.
Des 555.
Elle m'a demandé du feu. Je lui ai donné.

Temps.

J'ai vu ses mains.
Ses yeux. Elle me regardait.

Je ne sais plus la couleur de ses yeux. *Temps.* Claire. Mais...

C'est à ce moment-là que je me suis dit que je les suivrais à la sortie, avec la B 12, pour savoir où elle habitait.

Elle m'a demandé mon âge. J'ai dit vingt ans. Elle m'a demandé d'où je venais. J'ai dit de Réam. Elle a demandé où c'était. J'ai dit vers le Siam.

Elle a dit que son mari avait dû aller chasser par là mais qu'elle, elle ne connaissait pas. Elle a dit aussi qu'il y avait peu de temps qu'elle était à la colonie, deux ans, je crois, oui, c'est ça, deux ans.

Qu'elle s'ennuyait. Beaucoup.

Dans le film, il y a un homme qui est tombé tué par un autre. Après, je ne sais plus.

Sa main était très mince, souple. *Temps.* Cassée, on aurait dit. On ne s'est plus parlé. Je ne sais pas combien de temps ça a duré.

Je devais lui faire mal.

J'ai eu peur, la lumière allait s'allumer.
J'ai lâché sa main.
Sa main est revenue.
J'ai pensé que j'allais partir.
J'ai pas pu.
Je me suis dit, c'est une femme qui doit avoir l'habitude de ramasser des types, comme ça, dans les cinémas.

La lumière est revenue. Sa main s'est retirée.
Je n'ai pas osé la regarder.
Elle, si, elle a osé, elle m'a regardé.

Le type s'est réveillé brusquement.
Je l'ai trouvé assez beau.
Ce genre d'homme qu'on voit passer sur la piste, dans des bagnoles formidables, ils commandent un mirador, ils y restent une nuit, ils tuent un tigre, ils partent.
Elle m'a montré, elle a dit : « C'est un chasseur de Réam. »
Il a dit qu'il avait dû y aller l'année d'avant.
Nous sommes sortis du cinéma. J'étais derrière elle.
Ils sont arrivés près d'une torpédo Delage huit cylindres. Le type s'est retourné. Il m'a dit : « Vous montez. » J'ai dit oui.

Musique Valse de l'Eden.

On s'est arrêté dans une première boîte au fond d'un jardin. C'était plein.

« On va se taper un whisky », a dit le type. C'est là que j'ai compris, quand il a bu. Elle m'a dit tout bas : « Oui, c'est ça. »

On est reparti. On est allé dans une autre boîte du côté du port. On a bu encore.

Je me suis dit que tous les soirs elle devait le suivre comme ça dans des boîtes, quelquefois avec un type qu'ils avaient ramassé.

On est reparti encore. On avait bu encore. Le type a conduit moins vite.

C'était long. *Temps*. Très lent.

On a traversé la ville encore une fois.

Je lui ai demandé pourquoi il la traversait comme ça, sans arrêt, il m'a dit qu'il ne connaissait rien de la ville que le centre et ces boîtes de nuit.

Ça a duré encore. Et encore.

On est revenu aux mêmes endroits.

J'ai demandé à la femme de partir avec moi, de le laisser.

Il roulait très très lentement. Elle lui disait le chemin, où il fallait tourner, quelle route.

Tout à coup il a fait jour.

On est encore allé dans une autre boîte.

Je me suis demandé ce que je foutais là, avec ces gens-là.
Je me suis levé. J'ai invité une petite, assez belle. Elle m'a crié de revenir. Qu'elle ne pouvait pas le supporter. Je suis revenu.

Je l'ai regardée.
Elle était décoiffée par le vent. Les lèvres blanches.
Elle n'était plus belle.

Elle avait des yeux très clairs.

Gris

ou bleus.

On tremblait.

Il était six heures du matin. Le type s'est endormi, la tête sur la table, elle s'est penchée par-dessus lui. On s'est embrassés.

J'ai cru que j'étais mort.

Je ne sais plus bien après.

Elle m'a raconté qu'elle avait laissé le type dans la

dernière boîte de nuit, qu'elle l'avait confié au barman, qu'elle faisait ça souvent.

Je me rappelle seulement qu'elle est partie long-temps, qu'elle m'a dit d'attendre, que le type a disparu, qu'il a été emmené : qu'il gueulait qu'on lui foute la paix.

Et que je me suis retrouvé seul à la table.

Je me souviens il y avait des jardins autour de la boîte de nuit, des cascades, des piscines.

Tout était... très éclairé... vide... vidé...

Je l'attendais... *il cherche*.

Oui... c'est ça... je me suis dit que j'allais la tuer... oui... je la désirais tellement que... *arrêt*.

J'ai pensé à la mère, à toi.

J'ai su que c'était fini.

J'étais devenu intelligent. Je comprenais tout.

J'ai pensé aux agents de Kampot. Je me suis dit qu'un jour je les connaîtrai bien, pas comme à la plaine, sans en souffrir, et que je les supprimerai par la connaissance que j'aurai d'eux.

J'ai compris, j'étais un homme cruel. Je ne le savais pas.

Vous non plus.

Un homme qui quitterait sa mère et qui s'en irait.

Qui s'en irait tout le temps. De partout.

Qu'elle aussi un jour... je la quitterai...

J'ai conduit la Delage. On est allé dans un hôtel. On y est resté huit jours.

Une fois elle m'a demandé de lui raconter ma vie.

Je lui ai parlé du diamant. Elle m'a dit d'aller le chercher, qu'elle l'achetait. Quand je suis revenu à l'hôtel, je l'ai retrouvé dans ma poche, avec l'argent.

> *Joseph a cessé de parler.*
> *Suzanne et Joseph restent là où ils sont.*
> *Ils regardent vers le bungalow.*
> *Le caporal relève le store et l'ombre sur le corps de la mère se dissipe.*
> *Puis le caporal passe et repasse avec du riz chaud, ou du thé.*
> *Personne d'autre ne bouge.*

VOIX DE SUZANNE

La mère attendait le départ de Joseph. Elle ne voulait plus nous faire à manger.

C'était le caporal qui achetait les pains de riz, qui cuisait les ragoûts d'échassier.

Elle ne parlait plus, la mère.

Elle se tenait dans un fauteuil, face au Pacifique. Le dos tourné à la piste.

Elle ne nous a pas regardés une fois pendant ces jours-là.

Elle n'a plus essayé de revendre le diamant.

Un jour elle m'a demandé de vendre le phonographe de Mr Jo. Je l'ai mis dans un sac, je l'ai donné au chauffeur du car de Kampot pour Agosti, un planteur de Réam.

Une autre fois j'ai pris les cadeaux de Mr Jo, la robe bleue, le poudrier, le vernis à ongles, et je les ai jetés dans le rac.

Comme ça, il n'y a plus rien eu à vendre.

Je me souviens de ces jours-là, cette agonie. Longue. Ce soleil. Cette sécheresse, ça donnait la fièvre.

L'attente a duré un mois.

Musique.

Puis un soir — Il était huit heures.

> *Phares d'auto, brusquement, qui transpercent les lieux, le bungalow. Ils sont là tous les trois, le caporal assis près de la mère, comme épinglés par la lumière.*

Personne ne l'avait entendue arriver, pas même Joseph. Il devait y avoir pas mal de temps qu'elle devait être là de l'autre côté du pont avant de se décider à klaxonner. Elle l'avait fait.

> *Musique.*
> *Joseph se lève et va vers la mère.*

La mère, toujours tournée vers le Pacifique,
s'allonge sur sa chaise. Comme prudente tout à
coup, pour essayer de ne pas mourir de ce qui
arrive. Elle est très pâle.
On dirait qu'elle n'a pas entendu.
Joseph regarde la mère pour la première fois
depuis le retour de la ville.

JOSEPH

Je pars. Je peux pas faire autrement.

LA MÈRE

Oui. *Temps.* Pars Joseph.

Musique.

JOSEPH

Je reviendrai. Dans quelques jours je reviendrai.

LA MÈRE

Oui.

JOSEPH, *insiste*

Je reviendrai.

On vendra tout.

Je vous emmènerai.

LA MÈRE

Oui.

> *La mère ne bouge pas.*
> *Immense lumière tout à coup dans le bunga-*
> *low.*
> *Suzanne regarde.*

JOSEPH

Je laisse tout, même mes fusils.

Je reviendrai.

> *La mère ne répond pas.*
> *Il se tourne vers Suzanne.*

JOSEPH, *à Suzanne*

Dis-lui que je reviendrai.

SUZANNE

Il reviendra.

JOSEPH

Dans huit jours.

SUZANNE *répète*

Dans huit jours, il sera là.

> *La mère ne parle plus. Elle ferme les yeux.*
> *Personne ne bouge.*
> *Joseph s'accroupit près de la mère et la regarde tout entière sans la toucher.*
> *Puis il regarde Suzanne.*
> *Les phares balayent la forêt, puis la piste, puis le village endormi, puis la mère, Suzanne et Joseph.*
> *L'auto a fait demi-tour dans la direction de la ville.*
> *Joseph regarde vers la piste. Regarde la mère encore, se lève, s'en va.*
> *La lumière s'éloigne. Disparaît.*
>
> *Musique.*
>
> *Le caporal monte avec du riz chaud (geste régulier). Puis il reste là. La mère parle.*

LA MÈRE

Va manger.

SUZANNE, *cri, colère*

Non.

LA MÈRE

Bon.

Il la quittera. Il partira de partout.

SUZANNE, *cri*

Tais-toi.

LA MÈRE

Oui.

C'est avec moi qu'il sera resté le plus longtemps.

Temps.

Je me tais.

> *Musique.*
> *Le caporal aide la mère à se déshabiller.*
> *Il l'emmène vers la pièce à côté.*
> *Suzanne reste un moment terrée dans la pièce vide. Presque le visage contre le sol.*
> *Puis sort.*

146

Le bungalow s'assombrit.
Musique. Valse de l'Eden.
Le jour revient.
Lumière de soleil.
Suzanne vient vers le public.
S'assied. Nous parle.
Musique.

VOIX DE SUZANNE

Il s'est passé trois semaines pendant lesquelles rien n'est arrivé.

La mère dormait.

Je passais mes journées près de la piste à attendre les chasseurs.

Toutes les trois heures je montais soigner la mère.

Elle avait eu une crise le lendemain du départ de Joseph.

Le docteur était venu de Réam : le cœur.

Puis un soir Agosti est venu.

Il avait appris qu'une fille était seule à Prey-Nop.

Il est venu.

Je l'ai amené à la mère.

Il lui a dit qu'il avait commencé une plantation d'ananas.

Que ça se vendait bien, qu'il employait des phos-
phates. Que dans trois ans il pourrait quitter la
plaine.

La mère a dit que la terre d'Agosti était douce,
que dans sa concession à elle, c'était impossible à
cause du sel.

Puis elle s'est tue.

Musique.

SUZANNE

On est parti dans la forêt avec Agosti.

Il faisait frais sous les arbres après les champs
d'ananas.

Frais et sombre.

Temps long.

Il a pris son mouchoir et il a essuyé le sang sur ma
robe, et sur moi.

Le soir est venu, là, dans la forêt.

Musique (loin).

Ce soir-là j'ai dormi pour la première fois dans la
chambre de Joseph.

Elle était comme il l'avait laissée.

Il y avait ses fusils, des cartouches vides – un
paquet de cigarettes. Le lit n'était pas fait.

Si Joseph avait été là je lui aurais raconté comment ça s'était passé avec Agosti.

Mais il n'était plus là.

Je me souviens : la forêt et le Pacifique autour de la maison. Comme j'entendais le vent.
Ça cognait contre la montagne.
J'étais sur le passage du vent.

Silence.

Agosti est revenu le lendemain.
Il m'a demandé si je voulais me marier avec lui.
J'ai dit que non. Que je préférais partir avec Joseph quand il reviendrait.

Musique (loin).
Suzanne passe lentement sur la scène.
Puis Suzanne s'arrête et s'assied devant nous tandis que le bungalow s'assombrit, devient noir.

Et puis il y a eu une lettre de Joseph.
Il disait qu'il allait bien. Qu'on pouvait lui écrire à l'Hôtel Central.

Silence.

Et puis la mère est morte.
La mère est morte un après-midi.
J'étais dans la forêt avec Agosti.

Elle m'avait dit de partir avec lui.

Quand je suis revenue la mère étouffait. Des cris lui sortaient du corps et puis des plaintes aussi, et le nom de ses enfants.

Silence.

Agosti est parti à Réam pour téléphoner à l'Hôtel Central.

Avec le soir la mère a cessé de se plaindre.

Elle était sans connaissance mais elle a encore respiré pendant un long moment.

> *Le caporal apporte un lit de camp devant le public. Deux tréteaux. Des planches.*
> *Suzanne se cache le visage entre les mains.*

Son visage est devenu étrange. Il a d'abord exprimé une fatigue. Puis un bonheur très grand.

Et puis elle a eu l'air de vouloir parler encore — une dernière fois.

J'ai dit à ma mère que j'étais là, j'ai dit mon nom, que j'étais son enfant.

Elle n'a pas répondu. Elle n'a pas eu l'air de se rappeler.

Ça ne devait pas être à nous, à ses enfants que la mère aurait voulu parler encore mais plus avant que nous, aux autres, à d'autres et d'autres encore, qui sait? à des peuples, au monde.

Avant de mourir il y a eu un sourire qui est venu sur ses yeux fermés, il a touché sa bouche et il est parti.

Quand Agosti est revenu le cœur de la mère était mort.

> *Tout s'éclaire partout.*
> *La mère est encore là, assise dans le bungalow, alors qu'on parle de sa mort.*
> *Le caporal l'aide à se coucher sur le lit de camp qu'il vient d'apporter. La mère, donc, se prête, vivante, à la mise en scène de sa mort.*
> *Voici. C'est fait.*
> *La mère est allongée, « morte », devant le public, les yeux ouverts.*

VOIX DE SUZANNE

Comme souvent avec le soir le vent du Pacifique s'est levé, il a traversé la plaine, il est passé sur le corps de la mère, puis il s'est engouffré dans la forêt. Tout s'est assombri.

La nuit est venue très vite comme là-bas elle vient, brutale. La forêt est devenue bleue.

Joseph est arrivé alors que la nuit venait de tomber.

Il est allé vers la mère. On l'a regardée longtemps lui et moi.

Bruit du vent très fort. Des vagues.
Et puis tout s'assombrit.
Arrivée de Joseph avec la nuit.
Lentement, il arrive vers la mère.
Suzanne ne bouge pas.
Joseph se baisse, touche la mère et pose son visage sur son corps.
Il se relève et la regarde.

VOIX DE SUZANNE

Ses yeux étaient pleins d'une ombre violette, terne.

Sa bouche...

Ses mains. Ses mains de paysanne du Nord... ses mains.

Rumeur autour du bungalow : les paysans qui arrivent.

Les paysans de la plaine sont venus autour du bungalow.

Musique.

Dans l'auto, sur la piste, la femme de l'Eden Cinéma attendait Joseph.

Immobilité de toute la scène.
Joseph quitte la mère et vient face au public.

Silence.
Puis il parle.

JOSEPH

La maison restera ouverte. Rentrez. Prenez tout. Je vous laisse mes fusils. Faites-en ce que vous voudrez.

Temps.

Je n'ai rien à vous dire. Rien.

Temps.

Vous pouvez la voir si vous voulez, les enfants aussi.

VOIX DE SUZANNE

Un paysan a demandé si on allait partir pour toujours.
Joseph m'a regardée, il a dit que oui.

Temps.
Musique.
Temps.

JOSEPH

On va emmener son corps loin de vous.

Blanche, elle était blanche. Même si elle vous aimait. Même si son espoir était le vôtre et si elle a pleuré les enfants de la plaine, elle est restée une étrangère à votre pays.

Temps.

Nous sommes restés des étrangers à votre pays.
Elle sera enterrée dans le cimetière colonial de Saïgon.

> *Tous sortent sauf le caporal qui s'accroupit près du corps.*
> *Rires d'enfants. Tam-tams, loin.*
> *Musique.*

FIN

REMARQUES GÉNÉRALES

Les inversions dans l'attribution des répliques, de même celles entre les textes dits sur scène et ceux dits hors scène sont évidemment autorisées. Par contre, aucun ajout, aucune modification du texte ne seront autorisés du moment qu'ils changent le sens de l'histoire qui est racontée dans *l'Eden Cinéma*.

Je prends cette précaution parce que dans le film qu'a fait René Clément à partir de mon livre, *Un barrage contre le Pacifique*, celui-ci a été trahi de façon irrémédiable. En effet, après la mort de la mère, au lieu de quitter la concession, d'abandonner pour toujours la colonie, les enfants restent dans cette colonie, s'y installent, tout comme l'auraient fait des pionniers américains du Middle-West, pour « continuer l'œuvre des parents ».

La musique de Carlos d'Alessio devra être gardée, elle est liée au texte de *l'Eden Cinéma*. On la placera comme on voudra. Elle devrait comporter deux valses et deux *one-step*. Pour moi, les valses, c'est la musique de la mère, celle du cinéma Eden. Et les *one-step*, celle des enfants, de Réam, déjà moderne.

J'ai hésité à garder – en 1977 – les incitations au meurtre que contient la dernière lettre de la mère aux agents du cadastre. (Celles-ci, dans le roman, venaient de Joseph, après la mort de la mère.) Puis j'ai décidé de les laisser. Si inadmissible que soit cette violence, il m'est apparu plus grave de la passer sous silence que d'en mutiler la figure de la mère. Cette violence a existé pour nous, elle a bercé notre enfance. Ma mère nous a raconté comment il aurait fallu massacrer, supprimer les Blancs qui avaient volé l'espoir de sa vie ainsi que l'espoir des paysans de la plaine de Prey-Nop. Veuve très jeune, seule avec nous dans la brousse pendant des mois, des années, donc seule avec des enfants, elle se faisait son cinéma de cette façon, et le nôtre, de surcroît. Elle nous avait déjà fait le cinéma de son enfance dans les Flandres françaises. Celui d'une guerre de 1914. Celui de la perte de son seul amour, notre père. Et puis elle nous a fait celui-là, celui du meurtre des Blancs colonisateurs, avec la minutie, la précision d'un gangster. Et enfin, elle nous a fait le dernier de ses cinémas, celui du doute fondamental quant à une utilité quelconque de meurtres de cet ordre face à l'inacceptable définitif, inaltérable, l'injustice et l'iné-galité qui règnent dans le monde. Si la violence de cette femme, la mère, est cependant susceptible de choquer ou de n'être pas entendue dans le lieu même de la légitimité de sa colère, alors, qu'on supprime le passage de la lettre s'y rapportant.

M. D.

Impression Brodard et Taupin
à La Flèche (Sarthe),
le 13 juin 2002.
Dépôt légal : juin 2002.
1er dépôt légal dans la collection : avril 1989.
Numéro d'imprimeur : 13636.

ISBN 2-07-038139-0 / Imprimé en France.
(Précédemment publié aux Éditions Mercure de France
ISBN 2-7152-1468-5)